Dernière station

Catalogage avant publication de Bibliothèque et Archives nationales
du Québec et Bibliothèque et Archives Canada

Corbo, Linda

  Dernière station

  Réédition.

  (Tabou ; 5)

  Publ. à l'origine dans la coll.: Collection S.O.S. Montréal : SMBI, c1996.
  Pour les jeunes de 14 ans et plus.

  ISBN 978-2-89074-961-0

  I. Comportement suicidaire - Ouvrages pour la jeunesse. 2. Suicide -
Prévention - Ouvrages pour la jeunesse. 3. Suicide - Ouvrages pour la jeunesse.
I. Titre. II. Collection: Tabou ; 5.

PHV6546.C67 2011   j362.28   C2010-942296-1

Édition
Les Éditions de Mortagne
Case postale 116
Boucherville (Québec)
J4B 5E6

Distribution
Tél. : 450 641-2387
Téléc. : 450 655-6092
Courriel : info@editionsdemortagne.com

Tous droits réservés
Les Éditions de Mortagne
© Ottawa 2011

Dépôt légal
Bibliothèque et Archives Canada
Bibliothèque et Archives nationales du Québec
Bibliothèque Nationale de France
1er trimestre 2011

ISBN : 978-2-89074-961-0
1 2 3 4 5 – 11 – 15 14 13 12 11
Imprimé au Canada

Nous reconnaissons l'aide financière du gouvernement du Canada par
l'entremise du Fonds du livre du Canada (FLC) et celle du gouvernement du
Québec par l'entremise de la Société de développement des entreprises
culturelles (SODEC) pour nos activités d'édition. Gouvernement du Québec
– Programme de crédit d'impôt pour l'édition de livres - Gestion SODEC.

Membre de l'Association nationale des éditeurs de livres (ANEL)

Conseil des Arts   Canada Council
du Canada   for the Arts

Linda Corbo

Dernière station

ÉDITIONS DE MORTAGNE

À toutes les Marie-Ève

Et à leurs frères et sœurs du monde.

Que l'espoir soit, pour vous, la plus grande attirance de la vie et que votre estime personnelle devienne le plus important de tous les regards.

Prologue

Le métro qui vient de passer à une vitesse folle devant moi a balayé mes cheveux. Le vent est très bon. Les portes de la rame s'ouvrent et se referment, mais j'ai décidé d'attendre. Par contre, le prochain train sera le mien. Encore quelques minutes de patience et de calculs. Et, croyez-moi, ils sont importants mes calculs. J'ai décidé, cette fois-ci, de ne pas rater mon coup.

Il est presque minuit trente, mais je n'ai pas peur. Je me sens plutôt calme. Tout à l'heure, j'aurais bien aimé que Francis me rattrape, mais plus maintenant. Non, la seule chose qui compte, c'est qu'il n'y ait personne sur les quais, autour de moi.

Évidemment, avec la chance que j'ai, voilà quelqu'un qui se plante à ma hauteur, de l'autre côté des rails. Qu'est-ce que ce gars fiche ici, à cette heure ? Son destin me direz-vous ? Le mien aussi, il faut croire. Je n'ai plus le choix, je ne pourrai pas me débarrasser de lui. Et puis, je suis si fatiguée. Non, ce n'est pas l'âge, j'ai eu dix-huit ans la semaine dernière. Mais elle est très fatiguée, la Marie-Ève. Trop.

Mes calculs sont bons, je crois. Et c'est tant mieux, parce que le métro arrive. J'entends son grondement au fond, là-bas. Je ne me trompe pas, voilà les phares ; deux petites billes qui s'agrandissent. Comme mes yeux, peut-être, je ne sais pas. Tout ce que je sais, c'est que je dois faire vite. Vite et bien. Là. Juste là et tout de suite.

Mes genoux se plient pour le grand saut, je pousse de toutes mes forces – j'ai toujours eu de la force dans les jambes – et j'y vais.

C'est ainsi que j'ai décidé de terminer mon histoire, ma vie. Dans un beau et très grand saut. Je pense d'ailleurs qu'il était parfait. J'ai vu l'effet qu'il a produit dans les yeux du gars de l'autre côté du quai. Il a eu une peur bleue, le pauvre. Désolée. Pas moi.

Hôpital Notre-Dame, octobre 2009

Je ne comprends pas pourquoi ils sont tous surpris de me voir sourire. J'ai toujours été souriante, pourtant. Une vraie marque de commerce. Peut-être qu'on ne doit pas sourire à l'intérieur de ces murs fades... D'ailleurs, qu'est-ce que c'est cette pièce ? Faudra revoir la décoration ici, je vous jure.

Quelle idée de peindre tous les murs d'un vert si pâle... Très laid. Ça vous fiche le cafard inutilement. Et pour vous donner un teint de kiwi ratatiné, il n'y a rien de tel. Autrement, tout est gris ici. Un vieux gris métallique, froid et triste. La pièce est entièrement vide : pas de meubles, de cadres, de vie. Un vide pesant qui ne me plaît pas.

Par bonheur, Monique et Marcel sont là, ma tante et mon oncle préférés. Malheureusement, on ne les voyait pas assez souvent à mon goût au cours de mon enfance. Eux à Montréal, nous à Québec... Curieux qu'ils soient là... J'aimerais bien leur parler, mais je ne peux pas. J'ai l'impression de ne plus avoir de voix. Et pas de jambes non plus, c'est bête. Même mon cou refuse de bouger, le paresseux. Je suis coincée dans un fichu carcan.

En vérité, tout cela est déroutant, désemparant. Mon corps entier me fait mal. Qu'est-ce qui se passe au juste ? J'ai mal et même si Monique et Marcel sont là, avec leurs yeux remplis de bonté qui me dévisagent, je me sens seule. J'ai peur.

Laissez-moi dormir.

1

J'ai toujours été souriante. Jusqu'à l'âge de dix ans, je souriais tout le temps. Et pourquoi n'aurais-je pas souri ?

Petite, j'étais une vraie fouine, toujours à mettre mon nez partout. J'ai tout appris rapidement : à marcher, à parler, à goûter la vie, et Dieu sait si je suis gourmande !

J'étais plutôt précoce, en fait. Déjà à la maternelle, je connaissais mon alphabet et j'étais prête à lire. Mais je ne voulais pas que lire, je voulais découvrir, apprendre, m'amuser, être active. Bref, j'avais un avenir prometteur devant moi.

Pourtant, à quatre ans, j'ai vécu ma première déception. Je sais, c'est un peu jeune pour être déjà déçue, mais bon. Ma famille venait de déménager à Québec. Derrière notre ancienne maison, il y avait des pentes pour glisser l'hiver. Je passais des journées entières avec mes montagnes, alors je m'étais imaginé qu'on les emporterait avec nous.

Je voyais notre déménagement ainsi : « On apporte tout ce dont on a besoin. » Et j'avais *besoin* de mes montagnes. Douleur. Ça vous dit quelque chose, ce mot-là ? Moi je vous dirais qu'il va de pair avec le mot déception.

Enfin bref, avec une sœur et un frère plus âgés et indépendants, plus de pentes pour glisser et aucun ami de mon âge, j'écoutais de la musique pour me désennuyer.

Même quand elle n'est pas douce, la musique fait du bien. Jusqu'à la sonnerie du téléphone que j'aimais. Elle me faisait bondir, celle-là. Je m'empressais de répondre à la place de mon frère ou de ma sœur. C'est que je me débrouillais bien pour mon âge, voyez-vous. J'aimais répondre : « Oui, un instant je vous prie... » C'est ainsi que Rachel, ma mère, s'exprimait. Je crois même que j'imitais sa voix haut perchée pour qu'on note bien tout mon professionnalisme de nouvelle réceptionniste.

Mais on ne me laissait pas m'exprimer trop longtemps. On me retirait le combiné rapidement, en me faisant les gros yeux.

Vous aurez deviné que ce n'est pas avec eux que j'ai appris à rire. C'est avec mon père, le comptable agréé. Surprenant, n'est-ce pas ? Et il ne faisait pas rire que moi, d'ailleurs, il obtenait le même résultat avec tout le monde. Un habile pince-sans-rire. Très fort. Mais vraiment emmerdant quand t'as l'humeur à grogner.

Dernière station

En plus des voyages en Europe qu'il nous offrait, de la belle grande maison qu'il nous avait fait construire et de tous les cadeaux dont il nous comblait, il m'a initiée à un tas d'activités : la natation, la danse, la guitare, la flûte à bec. J'étais assez occupée, mais j'adorais. Et je l'adorais, lui. J'en prenais bien soin, d'ailleurs. Il était bien avec nous.

Mes plus beaux moments, mes préférés, étaient les week-ends, quand mon père poussait le cri du gros ours pour nous annoncer son réveil. On criait alors : « Youpi ! Il est réveillé ! » À ce signal, nous savions tous les trois qu'on était conviés sous ses chaudes couvertures, pour se coller et pour rire, évidemment.

Ma mère n'était pas dans le lit. Elle participait rarement à nos jeux, en fait, mais on trouvait ça normal. On n'avait pas vraiment besoin d'elle, finalement. Papa nous emmenait partout, tandis qu'elle restait à la maison.

C'était mieux ainsi, je crois. On ne la connaissait pas beaucoup de toute façon. Une fois, lorsque papa est rentré à la maison, maman, elle, est sortie en ambulance. Ma sœur Carolanne et moi, on a ri. Nerveusement, sans doute. J'ai le sentiment qu'on ne l'aimait pas tellement.

Il faut dire qu'en réalité, nous avions deux mères dans un seul et même corps : une gentille et une méchante. Je savais à laquelle des deux j'avais affaire dès que je voyais l'expression sur son visage. À cette époque, le trouble bipolaire – anciennement appelé la maniaco-dépression – demeurait méconnu de plusieurs. Chez nous, du moins, on ne le connaissait pas.

Par contre, on connaissait les yeux de ma mère. De mes deux mères.

Dans les yeux de l'une, il y avait de l'humour, de l'affection, de la disponibilité. Dans les yeux de l'autre, il y avait de l'agressivité et de la haine.

Dans les miens, il y avait de la peur. C'est pour ça qu'ils cherchaient toujours ceux de mon père.

Hôpital Notre-Dame, novembre 2009

Ils veulent chacun à leur tour que je leur parle. Ils sont tous plus pressés que moi, j'en ai bien peur. J'essaie du mieux que je peux, mais ma voix ne porte pas. Et ils n'ont pas toujours l'air d'apprécier les quelques mots que je parviens à prononcer au travers de mes petites respirations, de tous ces efforts qui m'essoufflent.

C'est bien beau de vouloir parler, encore faut-il avoir des choses à dire. Bon sang qu'ils me fatiguent avec toutes leurs questions. Et comme ils ont l'air tendu...

Leur problème, aujourd'hui, c'est que je ne me rappelle plus de mon nom. Marie-Ève, ça va, mais c'est tout. Et ce n'est pas assez pour eux.

— Marie-Ève Quarante-Deux, leur ai-je répondu.

Ne me demandez pas pourquoi. Je sais bien que ma réponse est bizarre. Je le vois aussi dans leur regard, mais bon. C'est tout ce que j'ai trouvé.

Je me rends bien compte que je suis gravement blessée. Assez amochée, la Marie-Ève.

– Je me suis fait frapper par une voiture.

C'est ce que je leur ai dit.

– Tu t'es fait quoi ? m'a lancé Francis avec son grand air étonné, celui qui m'énerve.

S'il faut que je répète en plus.

– Je me suis fait frapper par une voiture. U-N-E-V-O-I-T-U-R-E.

Je sens qu'il veut répliquer, mais il se retient. Tant mieux.

Dès que je parle, je me sens lasse. Alors tant qu'à bavarder, aussi bien aborder des sujets drôlement plus importants que cette fichue voiture qui m'a foncé dessus.

– Francis, est-ce que j'ai perdu beaucoup de sang ?

Eh oui, c'est l'une des questions qui me tracassent. Ma hantise, c'est d'avoir traumatisé des gens qui auraient assisté à l'accident.

Il a l'air un peu absent, Francis, malgré tous ses sourires forcés. Je sais que je lui pose une question

Dernière station

délicate, mais tout de même, je voudrais bien savoir. Installée comme je le suis et avec tous ces appareils qui m'empêchent de bouger, je ne peux même pas voir mes jambes, c'est plutôt énervant.

Le grand efflanqué me répond que oui. Remarquez, je m'en doutais. C'était juste pour poser la question, pour entendre quelqu'un d'autre me confirmer ce que je savais déjà.

— Tu n'as qu'une fracture au bras droit et tu vas avoir une petite cicatrice de pirate, dit-il pour me rassurer. Et tes jambes sont intactes, tu vas pouvoir danser à nouveau.

Franchement, je suis soulagée. J'adore danser. J'ai toujours aimé danser. J'ai une bonne technique, mais ce n'est pas ça l'important. L'important, c'est de se laisser aller, de se laisser transporter par la musique. Et je sais y faire. Francis le sait, lui aussi, que je danse bien. Il aime ma façon de bouger, et pas seulement sur un plancher de danse, si vous voyez ce que je veux dire... Enfin, disons que sur ce point, on s'entendait.

Le soir de l'accident, Francis et moi, on s'était engueulés, je l'avoue. J'ai paniqué, je suis sortie de l'appartement avec mon petit sac et j'ai traversé la rue sans regarder.

— Dis-moi donc, Francis. Est-ce qu'on sort encore ensemble ? Je ne me souviens plus...

– *Non.*

Je me disais bien, aussi, que je ne m'étais pas fâchée pour rien ce soir-là. Mais que fait-il ici alors ?

2

À l'âge de dix ans, je n'ai plus souri. À mes dix ans, mon père est parti.

Un samedi soir, il est sorti avec ma mère et des amis, même s'il ne se sentait pas très en forme.

Le dimanche, il est resté au lit toute la journée. Ce n'était pas dans ses habitudes, je le savais bien. Avant d'aller me coucher, je suis allée le voir pour l'embrasser.

– Bonne nuit, mon petit poussin, lui ai-je dit avant de refermer la porte.

Je l'appelais toujours ainsi quand il mettait son pyjama jaune.

Quand je suis rentrée de l'école, le lundi midi, la maison était vide. « Nous sommes partis, nous reviendrons bientôt », disait un petit mot placé en évidence sur la table de la cuisine. Ma sœur et moi, on n'a rien dit. Mais la peur s'est installée en nous.

L'après-midi, en classe, je me sentais absente, désorientée. J'avais le cœur serré.

On m'a fait appeler au bureau du directeur. C'était suffisamment anormal pour que ma professeure lève les sourcils en points d'interrogation.

— Je pense savoir pourquoi, lui ai-je dit pour la rassurer.

Le couloir était long pour arriver jusqu'au local du directeur. Plus j'avançais et plus la peur me gagnait. On aurait dit que je marchais vers elle.

Jusqu'à ce que ma tante apparaisse dans le corridor. Ça non plus, ce n'était pas normal. Elle m'a interceptée avant que j'atteigne le bureau de la direction.

— Comment il va, ma tante ?

— Viens.

— Mais comment il va ?

C'est seulement dans la cour d'école qu'elle m'a annoncé :

Dernière station

– Marie-Ève, un caillot de sang a bloqué les artères qui alimentaient les poumons de ton père. Il est mort.

Je me suis sentie devenir molle comme une vieille poupée de chiffon. Je n'avais plus de jambes, mais j'avais des larmes. Une tonne de larmes.

À la maison, mon frère David pleurait. De gros sanglots. Alors moi, j'ai arrêté de pleurer même si la panique m'envahissait. J'avais la conviction que quelqu'un devait rester fort dans cette maison.

D'autant plus que ma mère n'allait pas très bien, elle non plus. Je l'ai vue s'écrouler. Devant moi et sans avertissement, elle mourait à son tour. Je sentais mon petit monde basculer. J'aurais préféré mourir avec eux plutôt que de rester seule.

– Elle n'est pas morte. Elle s'est endormie parce qu'elle a pris des calmants, m'a dit ma tante.

C'est fou ce qu'elle était pratique, celle-là, pour clarifier certaines situations...

Le moment le plus dur, c'est au réveil, le lendemain matin. Quand tu ouvres les yeux en souriant et en te demandant : « Alors. Qu'est-ce que je fais aujourd'hui ? Hum, qu'est-ce que j'ai fait hier ? Ah oui. Hier, mon père est mort. » Et vlan ! Une gifle en pleine face, je vous le jure.

Il y a la trouille qui te colle à la peau et la détresse qui, elle, court derrière. Il y a ton souffle qui s'arrête et ta respiration qui essaie de lui pratiquer le bouche-à-bouche. Ça fait peur. Et ça fait piquer les yeux, qui refusent quand même de laisser couler leurs larmes.

Je ne sais pas si un jour, je pourrai le revoir, là-haut, dans la mort.

Hôpital Notre-Dame, novembre 2009

Deux horribles visages sont penchés sur moi. Ils parlent trop fort et ont d'épais sourcils froncés.

— Marie-Ève, as-tu essayé de te suicider ?

En voilà une question. Non mais quel culot ! Ils sont sérieux ou quoi ?

— Jamais !

J'aurais bien aimé le leur crier, mais tous ces fichus tubes empêchent ma voix de résonner à mon goût.

— J'aime beaucoup trop la vie. Elle est trop belle.

Je leur parle du soleil. J'ai toujours aimé le soleil, il faut qu'ils le sachent. En revanche, je n'ai jamais aimé les effrontés.

3

Les journées qui ont suivi la mort de mon père ont été longues et difficiles. Ma sœur pleurait tout le temps, mon frère était absent, isolé, et ma mère était « malade ».

Quant à moi, je restais calme. J'avais l'impression que mon père, d'en haut, me soufflait : « Marie-Ève, il faut que tu t'occupes d'eux. » J'étais chargée d'une mission parce que j'étais la plus forte.

Le jour de l'enterrement, j'ai voyagé seule, sur la banquette avant, en compagnie du croque-mort. Ma famille, elle, se serrait et se consolait sur le siège arrière pendant que la peur me consumait petit à petit.

À l'église et au cimetière, je ne me rappelle que de tous ces visages qui grimaçaient autour du cercueil. De tous ces gens qui sont là pour te regarder, pour te voir souffrir. Une drôle de mascarade, si vous voulez mon avis. Et moi, suis-je réellement obligée de croire que l'homme enfermé dans la boîte est bien mon père ? Les mains et les yeux cousus... Puis quoi encore ?

Mon mandat, c'était de soulager les autres et de veiller à ce que ma famille reste unie. Tout le reste, c'était des conneries.

Hôpital Notre-Dame, novembre 2009

— *Tu nous as fait une de ces peurs tu sais..., me chuchote Simon.*

— *Moi, je n'ai pas eu peur.*

C'est froid, mais c'est vrai. Il faut que les gens le sachent. J'ai eu peur d'être paralysée, de rester handicapée, mais jamais je n'ai eu peur de mourir. Il faut aussi qu'ils sachent que je me sens bien. Aujourd'hui, je ne désire qu'une seule chose : qu'ils arrêtent d'être tristes.

Patricia, mon amie, pleurait l'autre soir. Maintenant c'est au tour de Simon. Brave Simon. Doux Simon. Un amour de Simon, je vous le dis. Il est formidable ce gars.

C'est fou comme je l'ai aimé. C'est fou comme je l'ai quitté. Pour Francis, vous aurez deviné, ce grand efflanqué qui est toujours à mes côtés depuis l'accident. Un pur gâchis, comme moi seule suis capable d'en faire.

– Ton frère est venu hier soir..., me dit Simon.

Je ne comprends pas vraiment ce qu'il me raconte. Mais je suis contente. C'était donc mon frère, ce beau mec ? Je ne me souviens plus de son prénom, et en ce moment, c'est bien le dernier de mes soucis.

Je ne me rappelle toujours pas mon propre nom, ni mon âge et encore moins en quelle année nous sommes. Je n'ai en fait aucune notion de temps ou d'espace et je m'en fiche. Je sais que je me souviendrai plus tard. Je ne panique pas, tout va bien se passer. Je danserai à nouveau. Mais pour tout de suite, mon projet, c'est simplement de pouvoir marcher. Comme avant.

Je ne sais pas si c'est moi qui suis troublée, mais il me semble que les gens ne me font pas assez confiance, qu'ils croient que je suis un cas irrécupérable. Ils sont tous mal à l'aise et ça m'énerve. Ce n'est toutefois pas le plus grave.

Le pire, c'est de voir Simon pleurer. Ça, c'est toujours grave. Moi aussi, j'ai le goût de pleurer. Pas de peine, mais de joie. Je ne pensais pas qu'on pouvait pleurer pour moi. Le simple fait qu'ils soient tous ici, c'est merveilleux.

4

Après le décès de notre père, nous avons été forcés de constater qu'en fin de compte, nous vivions avec une étrangère, une mère qu'on redécouvrait de jour en jour, différente.

Rachel avait une agressivité bien à elle, qui s'ajoutait à celle reliée à sa maladie. Les médecins appellent ça la psychose maniaco-dépressive.

La psychose, c'est parce qu'elle perd le nord, qu'elle quitte notre réalité pour s'en créer une bien à elle. Or, son monde à elle, elle y croit, et il est toujours laid.

Ma mère s'occupait donc à doser son lithium pour atténuer sa maudite agressivité et nous, on s'occupait de nous.

Carolanne et moi, on essayait de cuisiner, avec quelques ratés. Je me souviens d'une recette de riz à base de crème de champignons qui a finalement atterri dans le plat de mon chat, Pacha. Il a levé le nez sur la mixture, lui aussi.

Pacha, mon amour de félin, était devenu le centre de mon univers absurde. Il avait besoin de moi comme moi de lui, ce que j'aimais bien. Ne lui manquait plus qu'un pyjama jaune.

Maman s'est vite rendu compte de l'importance de Pacha dans mon existence.

— Marie-Ève, je fais de l'asthme et on va devoir se débarrasser du chat, m'a-t-elle annoncé un jour, sans gants blancs.

Quand Pacha est parti, c'est elle qui s'est effondrée en larmes. Moi, je n'ai pas pleuré, je devais la consoler.

La recette de lithium de ma mère ne fonctionnait pas beaucoup plus que notre recette de riz aux champignons, finalement. Arrosé d'alcool, le lithium, ça vous compose un mélange assez explosif. Une vraie bombe.

Le genre de cocktail qui fait qu'un jour, au retour de l'école, la maison est plongée dans le noir le plus complet. Que dans le four, un rôti a brûlé et qu'une épaisse fumée noire s'échappe de la cuisine, parfumant toutes les pièces d'une odeur macabre.

Dernière station

Le genre de cocktail qui engendre d'autres désastres, qui provoque chez ma mère des réflexes plutôt gênants, comme sortir de la maison en hurlant, en poussant des cris de désespoir qui percent les tympans et qui glacent le sang.

Ma mère titubait et moi, j'avais honte. Terriblement honte.

Après coup, j'ai remarqué qu'il n'y avait pas de livres ou de verre d'eau sur sa table de chevet. Non. Par contre, il y avait une grosse bouteille de gin pur.

Dégradant.

— Je vais t'aider à t'en sortir, lui ai-je proposé un jour.

J'avais élaboré un plan. Dorénavant, une fois par semaine, j'irais avec elle au dépanneur acheter une grosse caisse de bières, que l'on placerait sous mon lit. Au début, elle aurait droit à six bouteilles par jour, et progressivement, on diminuerait la dose.

Simple et efficace, la Marie-Ève.

J'étais si fière d'elle que je me plaisais à le lui répéter. Tous les jours, elle respectait son quota et la bonne entente régnait. Ses efforts me faisaient du bien. Je savais que je pourrais la rendre heureuse. Je le devais. Dans ce contexte, j'ai cru que je l'aimais, en fin de compte.

Jusqu'à ce fameux 14 février... En général, le jour de la Saint-Valentin, il ne fait jamais beau, avez-vous remarqué ? Cette Saint-Valentin ne faisait pas exception. Il pleuvait et j'arrivai au dépanneur complètement trempée.

— Je veux le plus gros, mais alors là, le plus gros chocolat en forme de cœur que vous avez ! ai-je demandé au monsieur derrière le comptoir.

Je sais bien que c'est « quétaine », mais j'avais l'impression très nette que ça ferait plaisir à ma mère. L'important, c'était que le cœur soit gros, point.

— C'est pour ma mère, ai-je précisé, fièrement.

— C'est très bien, ça. Je crois qu'elle va aimer. Au fait, je ne l'ai pas encore vue aujourd'hui. Habituellement, elle est réglée comme une horloge. Tous les matins, elle vient vers onze heures chercher son *six pack*.

— Son *six pack* ? Son *six pack* de quoi ? demandai-je, encore un peu naïve malgré la panique qui m'envahissait.

— De bières, qu'est-ce que tu crois ? Malheureusement, je n'ai pas de *six pack* de cœurs en chocolat, mais avec celui-là, elle devrait être comblée quand même. Tiens, voilà. Passe une belle journée, ma grande.

Ainsi, le monsieur du dépanneur recevait la visite de ma mère tous les jours, pour ses propres besoins de bières, en dehors de mes quotas, de mes encouragements et de mon amour.

Naïve, la Marie-Ève ? À en avoir honte, à en avoir mal.

J'étais terriblement fatiguée de tout ça. Comme il m'aurait semblé bon de partir de la maison familiale, histoire de me reposer un peu. Juste un peu.

Hôpital Notre-Dame, décembre 2009

— C'est fou comme ça fait du bien...

C'est Suzie qui me fait autant de bien. Suzie, c'est l'une de mes amies de Québec. Nous nous étions perdu de vue, mais depuis que je suis à l'hôpital, elle vient souvent me voir. Elle est tout à fait charmante.

Je ne pourrais pas en dire autant de moi. Elle m'a présenté un miroir, hier, pour que je puisse enfin revoir mes petits yeux brun noisette et mes longs cheveux de la même couleur.

J'ai crié en apercevant mon reflet.

— Marie-Ève, tu es très belle, ne fais pas cet air-là.

— My God, Suzie...

Même si mes yeux étaient inondés, j'ai eu le temps de voir les siens s'embuer.

Lorsqu'elle est arrivée, ce matin, elle avait retrouvé son sourire et avait apporté sa petite valise miracle. Elle en a sorti une brosse à dents, un rasoir pour mes jambes, des instruments pour une manucure et un fer plat pour mes cheveux.

Quand elle m'a de nouveau montré mon visage, il avait effectivement changé et avait retrouvé un air de santé. Elle en a profité pour me parler de ma beauté intérieure et extérieure, d'une si belle façon, si vous saviez... On a discuté entre filles et ça m'a fait le plus grand bien.

— Demain, tu as rendez-vous à neuf heures. Sois prête.

— Ah oui ? Avec qui ?

— Avec mon esthéticienne, pour un nettoyage de peau et un maquillage en règle.

Je l'adore ma Suzie...

Francis, lui, ne me parle pas vraiment de ma féminité. Non. Lui, il me parle du métro. Depuis un bon moment déjà. De temps en temps, comme ça, il glisse le mot dans certaines de nos conversations. J'ai hâte qu'il arrive à destination, celui-là.

Hier, par exemple.

— Veux-tu savoir ce qui s'est réellement passé ? me demande-t-il nerveusement, une fois Suzie partie.

Dernière station

– *Oui.*

Alors il me raconte. Et ça change tout.

Je savais bien que j'avais fait quelque chose de grave mais quand même... Le métro ? Marie-Ève, t'as tout un problème, là ! C'est beaucoup trop dur, trop brutal ! C'est agressif et complètement irrationnel ! Qu'est-il arrivé à ma santé mentale ? À « go », on se tue ? Est-ce bien ce que j'ai fait ?

Je me sens anxieuse tout à coup. Il n'y a plus d'air dans cette pièce. C'est peut-être pour ça que Francis s'en va. Je le vois partir... peut-être par politesse, pour mieux me laisser mourir de honte.

5

Six mois après son décès, j'ai commencé à réaliser que papa ne reviendrait pas. Au bout de deux ans, j'ai vraiment compris que c'était définitif. Après cinq ans d'absence, je lui en voulais. Dans son départ prématuré, je crois bien qu'il m'avait complètement oubliée.

Si au moins il m'avait donné des instructions précises pour comprendre cette mère sortie tout droit de l'enfer. Cela aurait été beaucoup plus pratique que n'importe quel testament, que n'importe quel héritage.

Ma seule évasion était encore la musique. Douce musique, même quand elle ne l'est pas. Avec elle, on n'a pas besoin de parler, il suffit d'écouter.

Je peux bien le dire maintenant, ma mission était un lamentable échec. Il m'était impossible de construire une famille avec les êtres qui se côtoyaient dans la maison. Et plus je m'en rendais compte, plus j'avais envie de tout laisser tomber à mon tour. À quoi bon continuer ? Ils ne voulaient rien savoir.

J'avais pris une drôle d'habitude qui, pourtant, me faisait beaucoup de bien. Quand je frottais mon poing contre une marche du palier en béton, dehors, et que je m'éraflais jusqu'au sang, on aurait dit que cela libérait mes angoisses. J'avais l'air dur comme ça, mais bon, dure ou pas, je devais faire quelque chose pour me soulager et poursuivre mon bout de chemin.

Qui m'aime me suive, comme on dit. Il n'y avait personne pour me suivre. Alors moi, je suivais mes amies, aveuglement. Elles m'acceptaient, moyennant mon sous-sol qui leur servait de point de ralliement, ma mobylette qui leur était très pratique et mon chum du moment, Philippe, qui est parti avec l'une d'elles, justement. Elle était plus facile que moi, paraît-il. Moi, à quinze ans, je n'avais pas envie de faire l'amour. Ne me demandez pas pourquoi, j'avais d'autres préoccupations en tête.

Ce qui m'avait choquée, en fait, c'était d'avoir été dupée, encore. Le pire, c'est qu'elle l'avait rencontré chez moi et qu'ils avaient commencé à flirter, sous mon nez. Marie-Naïve, vous connaissez ?

Dernière station

À défaut de montrer la peine qui me rongeait l'intérieur, j'ai manifesté mon mécontentement à mes amies.

– Marie-Ève, tu fermes ta gueule ou tu sors de la gang, m'ont-elles répondu.

Bien sûr, j'ai fermé ma gueule. Pour avoir quelqu'un à qui parler. C'est paradoxal, je sais.

Elles ont continué à venir me rendre visite dans mon sous-sol. Cet endroit où l'on pouvait tout faire, dont consommer de la drogue sans être dérangées. J'ai commencé par du pot, puis du hasch et enfin de l'acide.

La dame de la chambre en haut ? Cette alcoolique bourrée de médicaments ? Elle ne s'en mêlait surtout pas. Ma mère ne voulait rien savoir, ni de mes loisirs lorsque je jouais à la balle-molle ou que je dansais ni de mes succès scolaires quand je décrochais des notes fantastiques. Elle était totalement indifférente, alors pourquoi en aurait-il été autrement pour la drogue ?

Elle me faisait vomir. Et je me faisais le même effet. La drogue aussi, d'ailleurs. Pas toujours facile à contrôler, le dosage de ces petites capsules-là. Et surtout, pas facile d'en maîtriser les effets : hallucinations effrayantes, vertiges déplaisants, palpitations. Finalement, il fallait vraiment être bien « gelée » pour rire de la situation. Ou stupide. Ou faible. Ou tellement perdue que n'importe quel moyen est bon pour oublier, pour s'imaginer que les choses changent, pour fuir le quotidien.

J'aurais bien voulu que quelqu'un me voie consommer, me parle, m'engueule, me dise que j'avais besoin d'aide, je ne sais pas. N'importe quoi, mais une réaction. Il me semble que j'aurais réagi, moi. Pourquoi ce silence, tout le temps ? Le silence me rend folle.

Il n'y avait personne pour m'arrêter et j'en prenais de plus en plus.

Ce n'est pas vraiment la drogue que j'aimais.

C'est ma vie que je n'aimais plus.

Hôpital Notre-Dame, décembre 2009

Une tentative de suicide, donc. La belle affaire. J'en connais aujourd'hui les conséquences... Bonjour les crises d'angoisse.

En bref, ça se détaille ainsi : six fractures au bassin ; une fracture ouverte à l'articulation du coude ; le bras droit cassé en deux endroits (mon bras a raccourci de trois centimètres) ; le plexus brachial droit écrasé (c'est le nœud de tous les neurones du bras, il paraît) ; une entorse cervicale ; une thrombose pulmonaire ; le foie lacéré (ils m'en ont enlevé une petite partie, d'ailleurs) ; un pneumothorax (c'est que ma cage thoracique s'est ouverte, l'imbécile, et en se refermant, une bulle d'air est restée coincée dans mes poumons).

Patience, je n'ai pas fini.

J'ai fait des arrêts respiratoires ; des arrêts cardiaques ; un choc septique (une infection du sang qui peut mettre ta vie en danger) ; j'ai eu un traumatisme crânien ; des lacérations à l'épiderme et une parésie (paralysie partielle) du mollet gauche. Ah oui, j'oubliais. En prime, j'ai le crâne partiellement rasé avec de jolis petits trous par-ci, par-là. C'est d'un chic...

Le tout couronné d'une pneumonie qui aurait pu m'achever, mais c'est très mal me connaître.

« Une belle petite cicatrice de pirate », m'avait annoncé Francis. Grand fou, va.

Saviez-vous que nous, les femmes, on a en moyenne entre quatre et cinq litres de sang dans le corps ? Eh bien moi, avec l'hémorragie interne et le sang qui refusait de rester dans mon corps, ils m'en ont transfusé dix-huit litres. Gourmande ? Bien sûr, je l'ai toujours été. Tout comme j'ai toujours été curieuse. Alors, vous pensez bien que j'ai posé plus d'une question aux médecins et à mon entourage, foi de Marie-Ève.

Saviez-vous qu'avant l'« accident », j'avais entrepris des études en journalisme ? Et que j'avais même décroché un emploi ? Je crois que j'aurais fait une excellente journaliste. En tout cas, dans le dossier qui me concerne en ce moment, j'ai recueilli toute l'information possible et je maîtrise parfaitement mon sujet.

D'abord, j'ai appris que les ambulanciers qui m'ont conduite à l'hôpital ne me donnaient pas plus d'une heure à vivre. Il y a de cela deux mois. Après l'exercice divinatoire des ambulanciers, j'ai passé cinq semaines aux soins intensifs, où j'ai dormi onze jours d'affilée sans jamais tomber dans le coma. J'ai même reçu

Dernière station

l'extrême-onction d'un prêtre, qu'ils ont jugé bon de m'administrer parce que j'étais déjà aussi glacée qu'une morte. Mais peu de temps après, mon corps s'est mis à se réchauffer. Je suis persuadée qu'à ce moment-là, j'avais décidé de vivre.

6

Je voulais mourir. Non, plus précisément, je ne voulais plus vivre.

Je n'étais pas belle à regarder. J'avais tout échoué. Alors de quoi pouvais-je être fière ? Depuis l'époque du petit poussin qui me regardait avec des yeux aimants, je n'ai plus jamais été capable de ressentir un brin de fierté. D'ailleurs, je me demande bien quelle couleur je lui donnerais, à la fierté. Le rouge, je crois. Parce que c'est la couleur de la colère, de cette rage que je ne suis pas capable de faire sortir. Le rouge, parce que j'aurais été fière de l'exhiber cette rage. Qu'elle soit voyante, très voyante. Pétante.

Mais elle avait une couleur terne, ma rage, tout comme ma fierté. Elles devaient être beiges, ou grises. C'est pourquoi, à cette époque, j'écrivais beaucoup pour faire sortir mes émotions sur papier. Surtout de la poésie.

Un soir d'automne
Tout est gris
Gris dans mon cœur
Gris dans ma vie.
Tous les espoirs qui m'envahissent
Se sont perdus parmi les autres
Ce qui me reste de cette paix
C'est un souvenir pas comme les autres.
D'une jeune fille au cœur fragile
Transmettant sa joie de vivre
À tous ceux qui l'approchaient.
Mais ce qu'il reste de cette enfant
Est un miroir de révolte
Qui reflète à tous ces ignorants
Leurs injustices flagrantes...
Elle n'a plus la force de se battre
Mais plutôt celle de pleurer
Car au fond d'elle-même elle le sait
Son âme est déjà morte.

J'écrivais sur tout, sur rien. J'écrivais pour moi, et pour mon père, parfois.

Je porte plainte contre toi
Pour m'avoir donné la vie
Je t'accuse d'avoir su si bien m'aimer
Je t'accuse d'avoir tronqué la réalité
Je te condamne à rester
Toute la vie dans mon cœur emprisonné
Jusqu'à ce que je t'en donne la clé
Attends ! Ne bouge pas. Reste là
C'est moi qui irai vers toi.

Hôpital Notre-Dame, janvier 2010

Dieu et moi, nous avons conclu un pacte.

— Je reviens sur Terre, mais tu me redonnes la santé et toutes mes facultés.

— OK, m'a-t-Il répondu.

La bonté même, cet homme. Vous pouvez rire, mais je suis sûre de ma réussite. Vous verrez bien. Faudra travailler dur et je suis prête. À « go », on y va. Du moins, moi j'y vais et j'y vais de toutes mes forces.

Ce ne sera pas facile, car il y en a des sceptiques sur mon chemin. Je vais devoir les convaincre un à un, les persuader tour à tour de mon retour... Ce n'est pas de la tarte, ça.

Parfois, j'ai l'impression qu'ils aimeraient mieux me voir triste. Ce qui, à leurs yeux, serait plus normal, si je comprends bien. Désolée, j'ai mieux à faire.

Vivre : ma toute nouvelle mission. Et marcher sera ma première étape. Un pas à la fois, comme on dit. Il n'y aura rien pour affecter ma volonté et mes ambitions. Penser à mes objectifs, voilà maintenant ce qui me soulage.

7

Il y a toutes sortes de libérations et j'en ai essayé plusieurs. Une fois, je me suis tailladé une cheville. Un matin, je me suis réveillée avec un mégot de cigarette collé au poignet. Je l'avais écrasé sur mon avant-bras, la veille, et il était resté collé là, l'imbécile, avec la plaie au-dessous. J'y étais allée un peu fort, je crois, avec les petites pilules hallucinogènes. N'empêche que j'aurais bien aimé m'éteindre, moi aussi, comme le mégot sur mon poignet.

En fait, je commençais drôlement à manquer d'idées pour attirer l'attention de mon entourage. Je provoquais au maximum, je ne savais plus quoi faire pour me faire entendre, pour les faire réagir, pour qu'ils posent les yeux sur moi.

– Tu ne voulais pas parler... En plus, tu prenais de la drogue et tu étais toujours « gelée », m'a dit Carolanne, beaucoup plus tard.

Elle exagérait tout de même un brin. Il faut croire que pour elle, si je fumais un joint un soir, j'étais « gelée » pour la semaine.

Mais elle avait tout de même raison sur un point. Peut-être que je ne voulais effectivement pas parler. Je ne sais plus. Tout ce que je sais, c'est que lorsque je parlais à ma façon, ça ne marchait pas. Alors je disais ce que l'on voulait entendre : rien.

Il y avait de plus en plus de silences autour de moi, et des déceptions en dedans de moi. De la douleur, aussi. Finalement, je ne faisais pas plus l'affaire de personne que je ne faisais l'affaire de la vie. Et puis j'étais fatiguée.

Très fatiguée, la Marie-Ève. Trop.

Hôpital Notre-Dame, janvier 2010

Je suis lasse de toujours leur répéter la même chose. Je veux marcher. Ils n'ont qu'à m'écouter, puisque je leur dis que je vais y arriver !

Ils m'ont changée de chambre et ma nouvelle coloc, Sophie, me plaît. Elle aussi, elle a toujours le goût de placoter.

— Marie-Ève, quand tu es arrivée dans la chambre, hier, c'est un rayon de soleil qui y est entré !

Délicate en plus, je l'aime déjà.

— Tu ne saurais pas, par hasard, où sont mes espadrilles ? lui ai-je demandé, les yeux ultraviolets, à cause de l'effet « rayon de soleil » que je procure.

— Non.

— Ce n'est pas grave.

Ce n'est jamais grave. Le temps ne compte plus. De plus en plus, je suis d'humeur à rire, je fais des clins d'œil au défilé de mecs en sarraus qui s'affairent autour de moi. Ils sont près de douze médecins à me suivre, les douze apôtres de ma « remise à vie ». Il y en a pour tous les goûts : un pour les os, un pour le sang, un pour les poumons, un pour la tête... Enfin, je vous fais grâce de l'énumération.

Puis viennent les infirmiers. Une vraie plaie. Ce sont eux qui me font mal en me lavant. Bien qu'ils accomplissent leur travail, je ne les porte pas dans mon cœur.

— On va te retourner, disent-ils sans arrêt.

Les brutes, ils ne font jamais attention. Ils doivent tourner les patients alors ils les tournent, comme ça, sans trop de délicatesse. Mes cris de douleur sont accueillis par un grand silence. Je me sens ridicule.

Durant des semaines, un de mes bourreaux a répété à tout le monde que mon refus de manger signifiait un refus de la vie. Il a fait peur à mes proches à tel point qu'eux aussi essayaient de me faire manger !

« Je vais t'en faire un refus de la vie », disait ma tête. « Je vais t'enfiler un de ces tuyaux de gavage dans le nez et dans la gorge. Pas pour longtemps, juste assez pour voir ta réaction, juste pour te dire : « MAAANGE !!! »

Dernière station

Sinon je peux affirmer qu'au service de traumatologie de l'hôpital Notre-Dame, les spécialistes sont très forts. De vrais pros. Des experts, des sauveurs de vie.

C'est tout de même très fatigant la « revie ». À la procession de mes apôtres, infirmiers et spécialistes, s'ajoute le défilé de mes proches et de mes amis, à qui j'ai le goût de dire combien je les aime. Tout plein de gens que je reconnais, mais dont je ne peux me souvenir du nom. Pour les spécialistes, il est très important de se souvenir des noms, alors dans leurs yeux je lis : « amnésique ».

Mais pas dans les yeux de Dieu, mon complice, le partenaire de mes projets de « revie ».

– Marie-Ève, je me suis renseignée au sujet de tes espadrilles, m'annonce ma colocataire de chambre. Un de tes « apôtres » m'a demandé de te dire qu'on les a retrouvées sous un wagon de métro. C'est une farce ou quoi ?

– Je crois bien que oui. Sacrés apôtres.

Je n'allais tout de même pas décevoir ma nouvelle amie ! Un rayon de soleil qui s'éteint dans une bouche de métro, cela aurait terni mon image de soleil resplendissant. Je ne pouvais pas faire ça. Pas à Sophie.

8

Ma première tentative de suicide a eu lieu plusieurs années après la mort de mon père. L'élément déclencheur ? Un fameux soir, au ciné-parc.

Philippe, mon premier chum – vous savez celui qui était parti avec une de mes meilleures copines –, eh bien, il venait de la laisser tomber à son tour. Et vlan ! Incompatibilité sexuelle, j'imagine. Non pas que j'aie cru qu'il allait me revenir, mais bon. Il m'arrivait parfois d'en rêver, comme ça. Une fille a bien le droit d'espérer, non ?

Ce soir-là, nous sommes donc allés au ciné-parc. Je conduisais et Philippe était assis derrière, en compagnie d'une autre copine. Correcte, celle-là. Elle connaissait toute mon histoire, elle savait que j'aimais encore Philippe.

Dans le rétroviseur, je pouvais voir ma complice des derniers mois, mon amie fidèle. Mais peu de temps après le début du film, mon miroir s'est mis à me jouer des tours, je crois, puisque je les voyais se bécoter tous les deux !

J'ai paniqué. Intérieurement. Pas un traître mot n'est sorti de ma bouche. Je pense que les acteurs du film, sur l'écran géant, ont fait comme moi parce qu'ils ne dialoguaient plus. À moins que ce ne soit moi qui n'entendais plus rien... Au fait, est-ce qu'il y avait vraiment un film sur cet écran ?

L'autre film que je voyais se dérouler sous mes yeux était vraiment sordide. C'était l'histoire d'une adolescente d'à peine seize ans, une fille déboussolée et paumée, qui avait autour d'elle un amoureux dégueulasse, des amies dégueulasses, une vie dégueulasse, dans une société totalement dégueulasse. Et malhonnête, aussi. Bien loin du souvenir de mon homme en pyjama jaune. Lui, son film, il était beau, fignolé à souhait, avec plein d'humour, de tendresse et une grande dose d'amour. Les personnages étaient doux et affectueux. Je crois que c'était de la pure fiction, mais je l'aimais, moi, ce scénario.

Bref, sur le chemin du retour, je ne leur ai pas demandé de commenter le film qui s'était déroulé sur ma banquette arrière. Ma critique était déjà assez virulente. J'en avais assez, ma cour était pleine.

Hôpital Notre-Dame, janvier 2010

– Bonjour très chers amis ! Quel est le programme, cette semaine ?

J'aime les accueillir ainsi, mes spécialistes. J'aime être aimable et j'aime leur sourire à pleines dents.

Indifférents à mon accueil chaleureux, ils conspirent entre eux :

– On va lui placer des charges sur les jambes, pour qu'elle puisse se refaire des muscles et marcher d'ici peu.

– Je marche depuis deux semaines, vous ne saviez pas ?

– Non...

Je vois dans leurs yeux qu'ils ne me croient pas.

– On va lui mettre...

Tiens, ils remettent ça.

— You hou... Je marche, je vous dis.

« Lève-toi et marche », a dit un jour un certain barbu en sandales, mais mes spécialistes n'ont pas trop l'air de s'en souvenir. Alors je me dis que le moment est venu de leur clouer le bec.

Je me lève, j'ai mal, mais je cache mes grimaces sous un beau grand sourire. Ils sont médusés et ont de la difficulté à cacher leur étonnement. Désolée, pas moi. J'avance vers eux. J'aurais bien aimé leur décocher un petit coup de hanche en passant, mais je ne veux prendre aucun risque. Il faut que tout se déroule à la perfection, qu'ils voient de quel bois je me chauffe quand je veux « revivre ».

Si vous aviez vu leur air ! Tout simplement hilarant ! Je t'aime, ma Marie-Ève...

9

Est-ce que je peux seulement vous dire que je ne m'aimais pas ? Philippe venait d'ailleurs de donner un nouvel élan à la descente vertigineuse de mon estime, qui était carrément en chute libre désormais.

Après la séance de cinéma, je suis rentrée à la maison. Seule. Entre minuit et trois heures, je n'ai pas vu le temps passer.

Je suis montée à l'étage de cette inconnue qui se disait ma mère et j'ai visité la pharmacie. Aussi garnie en pilules de toutes sortes que le dépanneur du coin en marques de bières.

J'ai tout pris. Gourmande, la Marie-Ève. Mon problème, c'était d'avaler cette montagne de pilules. J'ai essayé de les ingurgiter une par une, avec une gorgée d'eau entre chaque, mais j'ai cru que mon corps allait s'inonder et déborder, alors j'ai concocté une recette. Je les ai jetées dans un bol et je les ai bien arrosées d'eau pour les dissoudre. Pacha aurait sûrement levé le nez sur la mixture cette fois encore.

Le goût était dégueulasse. Je grimaçais, mais je ne pensais à rien. Et non, je n'avais pas peur. Ou plutôt oui, j'avais peur de rater mon coup, alors j'ai pris une mesure d'urgence. J'ai emprunté un couteau, à la cuisine. Un couteau, à la cuisine d'en haut, pour les veines de la fille d'en bas. Celle qui s'endormait déjà.

Hôpital Notre-Dame, janvier 2010

— *De la morphine ? Je n'ai jamais pris de morphine de ma fichue vie ! Qu'est-ce que tu me racontes, Patricia ? Du pot, du hasch, certainement. De l'acide aussi. Une pharmacie au complet, bien sûr, mais pas de la morphine, quand même.*

Patricia connaît mon passé. Je pouvais donc tout lui raconter. Elle ne pleure plus maintenant. Elle est plutôt joyeuse, la Patricia. Elle n'arrête pas de me dire combien elle est fière de moi et combien elle m'aime. Et quand elle dit ça, ses yeux se mouillent.

Il faut comprendre qu'elle n'a pas l'habitude de me dire toutes ces choses que moi, je lui ai dites très souvent. Ce n'est pas de la méchanceté, elle est juste un peu farouche.

Lorsque je l'ai connue, au cégep, elle était sauvage alors vous savez, moi, avec mes bisous sur les joues et mes accolades, je la fatiguais royalement. Mais elle ne m'en aimait pas moins. D'ailleurs, elle n'avait pas besoin de me dire qu'elle m'aimait, je le savais très bien. Et elle savait que je l'aimais, alors...

Étonnamment, c'est la seule qui a osé me toucher au début de mon hospitalisation, alors que je ne pouvais pas parler. Elle ne savait pas que je la voyais faire. Elle me caressait la main, puis le bras, et mes cheveux qu'elle repoussait quand il faisait trop chaud dans cette chambre surchauffée.

Les autres, ils n'osaient pas, je crois, ou ils avaient peur de s'accrocher dans toutes ces machines qui m'entouraient.

J'adorais me faire flatter. Si j'avais pu parler, je n'aurais pas dit grand-chose, seulement quatre mots : « merci, encore des "flattous"... », avec un air digne de mon Pacha lorsqu'il quémandait des caresses.

Patricia, en voilà une en qui j'aurais dû avoir davantage confiance. J'ai toujours fait confiance aux gens qui ne le méritaient pas et je n'ai pas fait confiance à ceux en qui j'aurais dû. Je l'ai appris à mes dépens.

Toujours est-il que Patricia n'avait pas l'habitude de me raconter des sornettes.

— Mais oui, Marie-Ève. Tu as goûté à la morphine. On a dû t'en donner pour calmer tes douleurs. Tu délirais, je te jure ! Il y a eu ce jour où tu nous as demandé de partir sur-le-champ parce que tu disais que tu allais

Dernière station

te désagréger dans la seconde, pour sauver le monde. Puis, un autre jour, tu nous as dit avoir proposé à Fidel Castro de demander l'asile politique au Québec... Et cette fois où...

La voilà partie. Je délirais, donc. Mes visiteurs ont tous une folle histoire comme ça à me raconter. Remarquez, ça ne me dérange pas. Au contraire, je prends plaisir à savoir ce que je leur disais sur la... la morphine, c'est ça. C'est bête ce que ce mot fait peur.

Durant des semaines, j'ai tour à tour dormi et déliré. Aujourd'hui, je ne veux plus dormir. Le soleil me manque, le bourdonnement de la vie me manque. Je ne veux plus sommeiller. Je veux m'éveiller et m'émerveiller.

10

Quand je me suis réveillée, ce matin-là, il était onze heures. « Bon, qu'est-ce que j'ai fait hier, déjà ? Attendez voir... Je suis allée au ciné-parc puis je me suis suicidée. Mais qu'est-ce que je fais encore en vie ? Merde ! »

Vite ! Terminer ce que j'avais commencé. Le poignet gauche était tailladé, alors j'ai décidé de faire le droit.

C'est ce moment qu'a choisi ma mère pour cogner à la porte. Je me doutais bien qu'elle allait arriver, celle-là.

– Tu es blanche comme un drap ! m'a-t-elle dit en me voyant. Es-tu en train de mourir ?

Je voulais lui dire que c'était pour bientôt, mais ma voix ne sortait pas, alors j'ai fait un grand effort pour bouger. Puis j'ai enlevé les couvertures et les draps. Ils étaient rouges. Pas blancs du tout.

Rouges comme le visage de ma mère, rouges comme la rage.

Il ne s'est écoulé qu'un très court laps de temps avant que j'entende crisser des pneus devant la maison. Les policiers avaient leurs quartiers au coin de notre rue. Je dirais qu'ils ont mis une minute et demie pour arriver à mon chevet. Et en épongeant mes poignets, ils ont tout de suite voulu rassurer ma mère.

– Ce ne sont que de petites blessures, madame. Elle n'en mourra pas.

Je me demande si en entendant ces derniers mots, elle était rassurée ou déçue. Moi, ils me faisaient sourire.

Mais quand ils ont aperçu les bouteilles vides de médicaments, ils ont vu rouge, eux aussi. Et ils ont appelé une ambulance. Ils ont fouillé ma chambre et mon sac, les salopards. Il y avait un petit peu de pot et un contenant de poudre.

– Qu'est-ce que c'est que ça ? ont-ils crié.

– C'est pour pas que mon nez brille.

Le grand policier maigrichon ne m'a pas cru, ça se voyait à son air. J'aurais bien aimé qu'il fasse comme dans les films et qu'il plonge son doigt dans le contenant pour goûter à ma poudre translucide pour peau grasse achetée à la pharmacie. Juste pour lui souhaiter : « *Have a good trip*, mon homme ! » Mais ça ne se passe pas comme cela dans la vraie vie. Il est donc reparti avec ses accusations non fondées et ma poudre translucide, qu'il avait glissée dans un petit sac de laboratoire...

Dans l'ambulance, le calme est revenu. Enfin.

– N'arrête pas de lui parler, répétait un ambulancier à son coéquipier.

Pour ma part, je pensais plutôt au deuxième policier, celui avec les gros bras qui m'avait souri avant de partir. C'est fou comme il avait été gentil.

– Je ne peux pas comprendre, une belle fille comme toi... Tiens bon, j'irai te voir à l'hôpital.

L'hôpital. Là, ils m'ont fait vomir à n'en plus finir. Et ils n'arrêtaient pas de tripoter mes avant-bras, ce qui me faisait horriblement souffrir. Ils me faisaient mal chacun leur tour, à me tâter comme ça. Dans les mains d'une infirmière, un instrument m'a fait plus peur que les autres. Je ne me souviens plus duquel. Ce dont je me rappelle, c'est de lui avoir dit qu'elle pouvait me tuer avec ça.

– Ce n'est pas ce que tu voulais ? m'a-t-elle répondu de but en blanc.

Elle ne m'aimait pas trop, je crois. J'ai lu dans ses yeux de la haine et du mépris. Aucun doute, j'étais encore en vie.

Hôpital Notre-Dame, janvier 2010

— *C'est bon d'être encore en vie, dis-je à Francis, alors qu'il m'emmène, pour ma première sortie, vers la terrasse qui se trouve au bout du long corridor de l'hôpital.*

Je n'aime pas beaucoup les longs corridors... Je me demande toujours ce qui m'y attend au bout. Mais cette fois-ci, de mon fauteuil roulant, je vois très bien. C'est le soleil qui s'y trouve. Il est resté là à m'attendre, sur la galerie. Je voudrais que les roues aillent plus vite. Je ne désire plus qu'une seule chose, rouler très fort, rouler très vite vers lui.

En franchissant le seuil de la porte, j'ai droit à une très grande sensation, difficile à décrire. Même emmitouflée comme je le suis, je sens le vent qui souffle légèrement sur mes cheveux. Bon sang que c'est bon.

Le soleil et la brise m'enveloppent dans une immense caresse. Ils me rassurent, me câlinent à n'en plus finir, pour mon plus grand plaisir. Ça sent le frais, le propre, ça me réchauffe et me nettoie.

La lumière trop intense me fait fermer les yeux. Ils piquent et s'inondent mais je les rouvre quand même. En bas, sur les trottoirs, il y a des centaines de gens qui s'affairent. Ils ont donc continué à vivre pendant mon absence... J'aurais voulu me lever et leur crier, du haut de mon balcon enneigé : « Je vais aller vous rejoindre, bientôt ! »

De mes yeux coule un ruisseau, en plein centre-ville de Montréal, rue Sherbrooke.

— Est-ce que tu as de la peine ? me demande Francis.

— Non, j'ai de la joie. Et j'ai faim, maintenant.

Ça va aller, on peut rentrer.

J'ai faim. Et soif de vivre.

11

J'avais faim, aussi, après ma première tentative de suicide. Alors ma mère m'a emmenée au restaurant.

Elle était d'un chic pour sortir sa fille de l'hôpital. Elle est comme ça, Rachel. À l'extérieur de la maison, elle met son masque de grande dame. Parce qu'elle est cultivée et distinguée, ma mère. Elle sait se mettre en valeur : un joli maquillage, des vêtements de bon goût, sans oublier le sourire. Un très large sourire, assorti d'un ton roucoulant et d'un air joyeux. Elle est habile.

Et son habileté n'a rien à voir avec le lithium.

Ma mère est intelligente à l'extrême. Sauf quand elle boit. Malheureusement pour mon frère, ma sœur et moi, elle a toujours exercé ses talents de femme civilisée à l'extérieur de la maison. Vous aurez compris que je ne cadrais pas trop bien dans son environnement ce jour-là. Je faisais désordre avec mes poignets couverts de bandages.

Elle n'a donc pas perdu de temps.

– On doit parler, a-t-elle commencé.

– Je sais, maman.

– Pourquoi est-ce que j'ai trouvé les cartes d'identité de Philippe dans la voiture ?

Dans le contexte, la question était si peu à propos. C'était donc de ça qu'elle s'inquiétait à ce moment-là ? De savoir ce que les cartes d'identité d'un garçon faisaient dans sa voiture ? Se pouvait-il qu'elle soit à ce point déconnectée ?

D'ailleurs, elle avait pesé tous ses mots. Un à un. Avec une accentuation plus aiguë à chaque syllabe. N'obtenant aucune réponse de ma part, elle a recommencé. Avec le même soin et la même intonation, juste une octave plus grave cette fois.

– C'est quoi, ça ? Un interrogatoire de police ?

Ma réplique ne lui a pas plu. Elle s'est levée et a quitté le restaurant. Moi j'ai payé l'addition.

La deuxième conversation est survenue plus tard dans la soirée.

– Ton frère David propose que tu ailles vivre avec lui, à Hull, pour un an.

– Oui, je vais y aller.

Dernière station

Je savais que le oui lui irait. Mais bon sang qu'il m'allait bien à moi aussi ! David, ma porte de sortie. L'appartement de mon frère ; une délivrance, le grand repos. Lui et moi, on pourrait parler de la vie, de sa vie, de la mienne, des vraies choses, comme on ne l'avait jamais fait auparavant.

Une nouvelle école, de nouveaux amis, c'était le rêve. Évidemment que j'ai dit oui. C'était la plus belle chose qui m'était arrivée depuis l'âge de dix ans. David m'acceptait chez lui. Il devait m'aimer pour me proposer de partager sa vie. C'est ça, je crois, qui me procurait la plus grande joie. Quelqu'un m'aimait, m'invitait, voulait m'aider.

Tout comme le gentil policier aux gros bras qui avait tenu sa promesse et était venu me rendre visite à l'hôpital. Il était assez rare que je voie quelqu'un tenir ses promesses, alors j'étais folle de joie lorsque je l'ai vu entrer dans ma chambre.

Je lui ai servi mon plus beau sourire. Celui qui dit « je t'aime ». C'est quelque chose qui ne me gêne pas, moi, dire au monde que je les aime. Mon sourire, il voulait aussi dire : « Merci, tu me fais du bien. C'est fantastique. Je ne peux pas croire que tu sois là pour moi. »

– Je ne comprends vraiment pas ce que tu as fait, m'a-t-il toutefois lancé avec un air tout à coup très fâché.

Il avait même sorti ses sourcils en points d'exclamation pour l'occasion.

– Tu ne réalises pas la chance que tu as. J'ai vu ta maison, j'ai rencontré ta mère, ça n'a pas de bon sens ce que tu as fait, m'a-t-il envoyé avant de sortir.

J'ai remarqué la couleur de ses yeux. Ils étaient bruns. Bruns comme la merde.

Hôpital Notre-Dame, janvier 2010

Sa robe était blanche. Blanche comme un drapeau qui annonce la fin de la guerre.

— Alors, c'est vrai ? C'est aujourd'hui que tu nous quittes, Marie-Ève ? m'a demandé l'infirmière douce comme le soleil.

— Oui.

C'est bête comme réponse, je sais, mais je n'en ai pas trouvé d'autre. Par contre, j'ai gentiment salué tout le monde. D'abord, le personnel des soins intensifs qui m'a chaleureusement hébergée cinq semaines durant avec, au petit déjeuner, dix-huit litres de sang bien chaud.

Ensuite, le personnel des soins intensifs intermédiaires. Un forfait auquel j'ai eu droit pendant les trois semaines suivantes : lit et morphine inclus. Un bon deal. De grands moments, mais je n'ai pas de photos de voyage, désolée.

Et enfin, le personnel de l'aile orthopédique qui a défilé dans ma jolie chambre avec miroir, « coloc », télévision, nourriture et terrasse au bout du couloir, s'il vous plaît.

Le pied dans la porte de l'hôpital Notre-Dame, je suis sortie rejoindre mes consœurs et confrères de vie sur le trottoir de la rue Sherbrooke.

Libération vous dites ? Toute une, la mienne. Une réussite que j'ai réalisée à cet hôpital. Une médaille d'or que j'ai méritée, et qui me donne accès maintenant aux plus grandes compétitions.

Mes prochains Jeux olympiques se dérouleront au Centre de réhabilitation Lucie-Bruneau, également à Montréal. Ce seront les grands jeux de la fierté et j'y participerai. C'est un événement à ne pas manquer.

Pour une fois, j'étais vraiment heureuse de m'être ratée. Cela m'a pris environ un an pour savourer cette sensation de satisfaction. Un an avant de savoir que je désirais vivre.

Sur la route en direction de Hull, j'avais remarqué un viaduc. Je m'étais dit que si j'avais à me suicider une autre fois, je le choisirais. Mais que si je choisissais de vivre, je vivrais pleinement.

J'ai choisi la deuxième solution et bon sang que j'étais contente. D'ailleurs, Dieu aussi devait l'être. Finalement, Il n'avait pas voulu de moi tout de suite. Je ne suis pas cynique, je suis tout simplement contente qu'Il m'ait donné cette deuxième chance. Et puisqu'Il m'aimait, je n'allais pas Le trahir. Vivre à trois cents pour cent était ma toute nouvelle mission.

D'ailleurs à Hull, j'ai mordu dans la vie à pleines dents. Avoir un frère, des amis, un appartement, c'était la grande vie. Celle que j'entrevoyais chez les autres et qui m'échappait. Une vie normale et banale, à la limite. Mais pas pour moi. C'était le bonheur total. J'ai appris à demander pour recevoir. Avant, j'étais trop orgueilleuse pour le faire. L'orgueil, c'est idiot, et c'est incompatible avec l'amour.

L'amour, ça te rapproche du paradis. Ce n'est pas pour rien qu'on dit être au septième ciel ! Plus je me sentais libérée, plus je me sentais mature et plus je me trouvais belle avec mes seize ans. Je reprenais goût à la vie et je découvrais les plaisirs de l'amour. Et j'aimais l'amour.

Le soleil aussi, je l'ai toujours aimé. D'ailleurs dans les dessins d'enfants, n'est-il pas toujours jaune ? Jaune comme un poussin et son pyjama.

Avant, je ne regardais jamais le soleil, ni même le ciel et les nuages parce que mon regard était toujours orienté vers le sol. À Hull, non seulement je regardais le soleil mais je le sentais, et c'était ça, la vie. À moi d'en saisir toutes les occasions. À moi d'essayer de vivre.

Enfin, j'appréciais l'existence et je l'exprimais dans la danse, dans l'amour et dans la poésie.

Dernière station

Puisque c'est ainsi
Pourquoi ne pas l'accepter
Puisque c'est ma vie
Pourquoi ne pas l'aimer.
Mon âme se bat
De toutes ses forces
Mais elle ne comprend pas
La peine qu'elle supporte.
Elle est seule à se battre
Contre une armée inconnue
D'événements grotesques
Qui la mettent à nu.
Elle perd des soldats
Mais son courage est grand
Et elle saura attendre
Le renfort de ses proches viendra.
La bataille n'est pas finie
Elle n'a pas dit son dernier mot
Elle se battra jour et nuit
Jusqu'au jour de son repos.

En vérité, mon âme continuait toujours à me faire la guerre. À Hull, le champ de bataille était à mon avantage, tout de même. Là-bas, je réussissais à être aimée. Il n'en fallait pas plus pour gagner du terrain sur l'ennemi.

Mais j'avais encore une boule sur l'estomac lorsque je me couchais. Alors j'ai demandé de l'aide auprès d'un psychologue, sans gêne et sans orgueil. Il m'a expliqué que si je souffrais de culpabilité, c'était normal, étant donné mon passé et l'environnement qui avait été le mien. Il m'a proposé de me questionner chaque soir sur mes actes pendant la journée, un peu comme ça : « Aujourd'hui, j'ai dit à une fille qu'elle était nouille. Est-ce que j'ai eu raison ? Oui, c'est réellement une nouille, alors ça va. Tu peux dormir en paix, Marie-Ève. Pardonne-toi. »

Mais si la réponse était négative, je me répondais : « Pardonne-toi, Marie-Ève, mais ne refais plus jamais la même erreur... On se comprend bien ? Ça va, tu peux dormir, petit poussin... »

Soir après soir, je faisais docilement l'exercice. Un très bon truc. Par contre, à mon retour à Québec, après une merveilleuse année d'exil, ça n'a plus vraiment bien fonctionné. À Québec, il y avait une autre voix qui répondait à ma place : celle de ma mère. Dès lors, la réponse que j'entendais toujours était la suivante : « Est-ce que t'as eu raison ? Évidemment que non. C'est pourtant simple, ma fille, tu n'as jamais raison. Tu ne dois pas te fier à ton jugement puisque c'est celui d'une ingrate, méchante, encore plus nouille que la fille de Hull. Qu'on apporte une croix ! Qu'on lui cloue poignets et chevilles ! » Bon, là, je déraille. Mais ça tournait autour de ça.

J'ai donc recommencé à marcher sur des œufs et à me clouer le bec. J'ai essayé de conserver une certaine forme d'humour. Et continué d'espérer. Bref, j'ai continué d'être naïve.

Dernière station

Je devenais aussi de plus en plus confuse. L'assurance que j'avais réussi à acquérir à Hull n'avait pas fait le voyage de retour, j'en ai bien peur. Pendant mon absence, Carolanne avait décidé de prendre un appartement elle aussi, de son côté. Pour sa survie, sans doute. Ma mère se concentrait désormais entièrement sur moi et était plus agressive que jamais.

Devant elle, je ne savais plus comment réagir. Je ne savais même plus qui de nous deux avait un véritable problème. À l'exception des soirs où, complètement saoule, elle tombait dans l'assiette que je lui avais servie. Dans ces moments-là, c'était un peu plus clair...

Heureusement, j'avais une amie sur qui je pouvais compter. Véronique. Plus équilibrée que les autres, celle-là. Je pouvais lui raconter le moindre événement qui survenait entre ma mère et moi et lui demander son avis.

— Dis-moi, Véronique. Est-ce que tu crois que j'ai bien agi dans cette circonstance ?

— Oui, Marie-Ève. Ce que tu as fait était très légitime.

Je savais que je pouvais me fier à son jugement. Je pouvais aussi m'y fier lorsqu'elle me désapprouvait.

Un jour où une crise provoquée par l'alcoolisme de ma mère est survenue, j'ai dû carrément demander l'aide de mon amie. Véronique est restée avec Rachel pour la consoler.

Je me suis assise dans l'auto, en proie à une panique aiguë. Je tremblais de tous mes membres et ma respiration n'obéissait plus à ma volonté. Quand Véronique s'est glissée à côté de moi sur le siège du passager, j'avais finalement réussi à trouver l'air qu'il me fallait pour afficher un visage normal. Mais mon cœur battait à tout rompre quand je me suis tournée vers elle.

— Et puis, est-ce qu'elle va mieux ?

— Oui, elle s'est calmée. Je lui ai parlé et j'ai été très douce. Je lui ai dit que j'étais d'accord avec elle. Je lui ai fait sentir que je prenais son parti, cette fois.

— Bien.

— Mais j'ai une confidence à te faire, Marie-Ève. Je crois sincèrement que ta mère est folle... Elle me donne froid dans le dos !

Ce fut une grande jouissance. Pas que ma mère soit folle ou malade, ça ce n'était pas réjouissant, mais plutôt que quelqu'un d'autre l'avait remarqué ! Et si elle, elle était folle, alors moi, je ne l'étais pas. De là ma grande jouissance.

Dernière station

Véronique rendait un verdict que je n'aurais jamais osé prononcer. Même si je n'en pensais pas moins. Et je savais que je pouvais me fier au jugement de Véronique.

Centre Lucie-Bruneau, janvier 2010

Vous pouvez vous fier à moi quand je dis que je vais réussir ma « revie ». *Avec les exploits que je viens de réaliser à l'hôpital Notre-Dame, vous imaginez un peu ce que je vais réussir à faire ici ? Je peux maintenant marcher cent mètres sans problèmes. Pas plus, quand même. Le reste, je le fais en fauteuil roulant. Électrique, bien sûr. Il aurait été difficile de faire rouler un fauteuil avec un bras cassé. Il faut dire qu'il y a trois mois, je ne pouvais pas bouger de mon lit.*

Il y a trois mois, j'étais coincée sous une rame de métro.

Dès mon arrivée au Centre Lucie-Bruneau, on m'a fait faire le tour du propriétaire. D'abord on a visité les aires communes, la cafétéria, puis on m'a expliqué le fonctionnement du centre, où, chaque semaine, les objectifs à atteindre sont fixés lors d'une conférence synthèse. Moi, j'appelle ça ma conférence de presse, pour rendre le concept plus joyeux. Le centre fait même signer un contrat par lequel le patient s'engage à travailler au maximum de ses forces, sous peine de se faire avertir (lire ici : engueuler) une première fois, et de se faire mettre à la porte la seconde fois. Dur, mais efficace.

Pour moi, ça ne pose pas de problème : j'aime relever des défis. Et cette fois, il y aura des tas d'intervenants pour voir de quel bois je me chauffe. Fixez-m'en, des objectifs ! Surtout ne vous gênez pas, j'ai l'habitude. Emmenez-en, de la découverte, de l'aventure, j'adore ça. Comme une petite folle ! Sacrée Marie-Ève, va.

Malgré tout, il y a des matins où mon enthousiasme se refroidit. Il y a quand même certaines étapes qui sont gênantes. Apprendre à se laver toute seule, par exemple. La dignité en prend un coup, mais bon. Les premières journées, je me levais une heure plus tôt pour me laver et m'habiller. J'y parvenais, mais au prix de combien de souffrances et d'humiliations personnelles ?

— Parfait, Marie-Ève, me disait l'infirmière. Tu as atteint un objectif de plus !

Ce qu'elle ne savait pas, la gentille dame, c'est que je n'avais plus aucune force, plus aucune énergie, sinon juste assez pour lui répondre.

— Merci.

Le hic, c'est que la journée n'était pas encore commencée et j'étais déjà complètement épuisée.

Dernière station

— *Bonne journée, ma belle ! me lançait-elle en quittant la chambre.*

Facile à dire.

13

Ce qu'il y avait de traître dans l'attitude de ma mère, c'est qu'on ne savait jamais quand ni comment elle allait attaquer. Par l'envolée d'une assiette, peut-être, ou celle d'un couteau. Elle lançait tout et n'importe quoi sans regarder ce qu'elle prenait.

Elle me testait et me défiait constamment. À l'intérieur de la maison, comme à l'extérieur. En plus d'être alcoolique, elle vieillissait. Et dans son cas, la patience était inversement proportionnelle à son âge.

Les psys qui m'ont suivie par la suite ont diagnostiqué que j'avais longtemps été victime de violence psychologique. C'était un bien beau diagnostic, mais bon, cela n'améliorait pas ma vie.

Quand la culpabilité s'en allait, la tristesse arrivait en douce. Ou la colère. C'était multicolore, tout ça. Or pour moi, la question la plus importante était : peut-on guérir de la violence psychologique ?

J'ai consulté pour guérir. Il me semblait que pour une violence qu'on appelait psychologique, une psychologue devait être en mesure de m'aider. Alors, je lui ai raconté mon histoire. Je lui ai tout raconté, à cette madame aux petits yeux gris, assise sur sa grande chaise noire.

En général, une consultation se déroule comme suit : tu t'assois... elle te regarde... et toi tu parles. Et tu parles, et tu parles, et tu parles. Et ma foi, ça soulage. T'as vraiment l'impression qu'elle te comprend bien.

Du moins, elle écoutait bien. Et moi, j'espérais beaucoup. J'espérais à une vitesse folle, en fait, avec toujours cette envie de savoir et ce désir de guérir. De très grands espoirs de guérison, vous comprenez.

Puis j'ai commencé à avoir de moins en moins de choses à lui raconter. De sa grande chaise, elle restait là à me fixer. Alors j'essayais de trouver d'autres tactiques. Un jour, je suis restée silencieuse durant une bonne demi-heure, à chercher quoi dire. J'ai cru que ça y était, que j'avais vraiment réussi à vider le fond de mon cœur. Bref, que j'étais guérie et que c'était la fin de la thérapie.

– Alors ? Quel est votre diagnostic ?

Dernière station

C'était une erreur de poser cette question, je crois. Ses yeux gris, insultés, ont quitté les miens pour fouiller un peu partout dans sa pile de dossiers en me disant une seule chose :

– Ça ne marche pas comme ça, Marie-Ève. Tu ne dois pas me poser ce genre de questions.

– Eh bien dites-le-moi, comment ça marche ! Ce que je veux savoir, moi, c'est : est-ce que je suis folle ? J'aimerais comprendre quel est mon problème et ensuite, je pourrai travailler en conséquence pour le régler. Est-ce que je suis bipolaire comme ma mère ? Oui ou non ?

Je commençais à être furieuse à mon tour.

– Marie-Ève, tu n'as pas de trouble bipolaire, m'a-t-elle enfin lancé. Et il faut aussi que tu comprennes bien que ce n'est pas seulement cette maladie qui rend ta mère si agressive. Naturellement, elle a aussi un tempérament agressif, et l'alcool l'accentue. Il y a plusieurs sortes de bipolarité, tu sais...

Elle a continué un bon moment comme ça. J'étais soulagée. Un immense soulagement.

Non-Marie-Ève-tu-n'as-pas-de-trouble-bipolaire.

Quelle jolie phrase. Est-ce qu'il y a une suite à cette superbe phrase ?

– Va pour ma mère, mais... qu'est-ce que j'ai, alors ?

– Tu es déprimée et tu fais des crises d'angoisse. Ce sont tes peurs qui restent en dedans, a-t-elle continué.

Je savais très bien que j'avais des peurs, mais alors là, croyez-moi, elles ne resteraient pas en dedans longtemps ! Car si c'étaient elles, le problème, je les éliminerais. Et si mes peurs vivaient à Québec, c'est moi qui irais vivre ailleurs. Bye bye, les peurs ! Vous, vous restez là, mes jolies. Je vous quitte. Et j'ai aussi quitté la dame aux yeux gris sur sa grande chaise noire.

J'ai quitté Québec pour Jonquière. C'est là que j'allais étudier en journalisme.

– Je vais à Jonquière, ai-je donc annoncé à ma mère, d'un air terriblement décidé sous le tas de peurs que j'avais pris soin de bien cacher.

– Marie-Ève, t'es folle ou quoi ?

– Non, je ne suis pas folle. C'est la psychologue qui me l'a dit.

Encore là, vous auriez dû voir avec quel sang-froid je l'ai affrontée. Plutôt forte, la Marie-Ève. Sous les tremblements.

Dernière station

Je tremblais encore le jour de mon déménagement. D'autant plus qu'elle était saoule et, par conséquent, agressive... Et moi, j'étais paniquée. J'avais peur, mais j'avais aussi la certitude que mes peurs resteraient à Québec. Alors je me calmais. Doucement. En respirant très fort. Et j'acquiesçais à tout ce qu'elle me demandait.

À Jonquière, ma mère ne paierait que l'école et la chambre. Rien d'autre. Je m'étais préparée. J'avais tout prévu et j'étais décidée à me trouver un emploi sur place. Pour la première semaine, j'avais réussi à économiser cent trente-deux dollars. Pour un départ, ça irait.

– Tiens, c'est le montant que tu me dois ! m'a-t-elle dit en me lançant une facture juste avant le traditionnel au revoir d'hypocrite.

La facture était de cent vingt-cinq dollars.

– C'est quoi ça ?

– C'est la facture de l'ambulance. Celle qui t'a transportée à l'hôpital le soir de ta crise de folie, tu te souviens ? Tu me dois cent vingt-cinq dollars.

Il me restait donc sept dollars.

Centre Lucie-Bruneau, janvier 2010

Ma main droite ne répond plus. J'essaie d'écrire mais vous devriez voir les lettres que je forme... Horrible, je vous jure. Déroutant. Il paraît que mon cerveau ne se souvient plus qu'il a une main droite. On m'a conseillé d'arrêter de lui livrer bataille et de plutôt m'habituer à faire travailler ma main gauche. Pas facile de se brosser les dents, mettons. Faites-le, juste pour voir, devant votre miroir. Et si vous avez l'air aussi ridicule que moi, alors riez. De toute façon, il n'y a rien d'autre à faire.

En cachette, je conquiers mon autonomie. Et en cachette, j'apprends la patience.

Mon défi personnel est de me faire une queue de cheval. La couette est devenue le symbole ultime de mon autonomie. D'autant plus qu'enfin, mes cheveux commencent à allonger. Ça, c'est si je ne les perds pas tous avant d'atteindre mon objectif, car au rythme où ils tombent... Je laisse des traces partout ! Un vrai Petit Poucet.

Évidemment, il m'arrive d'être exaspérée à force de recommencer les mêmes gestes en vain. La douleur m'épuise, je me sens ridicule avec ce corps engourdi qui ne réagit pas toujours. Hop ! la jambe... « Non merci », qu'elle répond poliment. Jusqu'au petit doigt qui dit non. Si le majeur avait voulu se dresser, lui, eh bien je l'aurais volontiers levé devant mon petit doigt, tiens !

Imaginez un peu le résultat quand vient le temps du joyeux jeu de blocs que les rééducateurs prennent un malin plaisir à placer devant moi.

– Vas-y Marie-Ève ! C'est beau, tu vas l'avoir...

Je ne sais pas pourquoi, mais cette phrase est toujours suivie d'un fracas épouvantable. Devant mes yeux en points d'exclamation, les blocs s'affaissent.

Alors je reprends mes yeux en points de suspension...

Et je recommence l'apprentissage : lacer mes souliers, attacher ma montre, réussir à lever les bras assez haut pour me laver les cheveux. Je suis en état perpétuel de conditionnement physique. Une vraie démone dans un gymnase, la Marie-Ève.

– Allez, recommence, je ne travaillerai pas pour toi.

Combien de fois ai-je entendu cette phrase ? À ces mots, je leur conseillais d'aller lire mon dossier médical. Ça produit le même effet que le majeur levé, vous savez.

Dernière station

Il faut dire que je me retrouve dans un environnement où tout le monde est handicapé. Ce n'est pas très gentil à dire, mais... ça m'aide à me motiver.

Il faut garder le sourire. Je suis toujours souriante et je crois bien que les gens l'apprécient énormément. Je dis bonjour à tout le monde, aussi.

— Salut Tommy !

Le beau Tommy. S'il n'avait pas malencontreusement perdu une jambe dans un accident de voiture, je crois qu'il aurait pu remplacer Robert Pattinson dans Twilight, *c'est dire.*

— Salut Marie-Ève ! *répond-il entre deux fous rires.*

Pourquoi il rit comme ça celui-là ?

— Ton stylo, Marie-Ève... T'avais un stylo dans les mains !

— Si j'avais un stylo dans les mains, alors où il est maintenant ?

— Il est accroché dans le pot de fleurs, là-bas. Il t'a glissé des doigts quand tu m'as salué.

— Ah bon.

— Il a fait une double vrille arrière suivie d'un salto avant suivi d'un...

– OK, OK, Tommy. Ça va.

Après tout, si je peux faire rire Tommy aux éclats, dans son état, ça demeure une belle journée.

14

J'ai réussi à tenir sept jours avec mes sept dollars, l'aide de nouveaux amis et une organisation à toute épreuve. J'étais la fille d'un comptable agréé après tout... Je me suis ensuite trouvé un emploi rapidement.

Encore aujourd'hui, je me demande comment j'ai bien pu faire. Je ne réalisais pas, à ce moment-là, à quel point j'étais mal prise. Mais je n'avais plus peur. Et cela n'avait pas de prix.

Dans mes études, tout allait très bien. J'avais même repris la danse. Un entraînement de dix heures chaque semaine. Un corps en forme. Tellement en forme que je pouvais lever ma jambe jusqu'à mon nez d'un seul coup. Et hop la jambe ! Comme ça, sans effort. Flexible, la Marie-Ève. Et penche à droite, le bassin, et tourne en rond, petite épaule... Et *kick*, le pied... Un vrai défoulement.

Je payais pour suer mais j'adorais. Quand je sortais de mon entraînement, j'étais vidée et totalement libérée de mes pensées, de mes tensions, de ma colère et de ma peine. Pour la première fois depuis la mort de mon père, je commençais à remercier la vie. Juste comme ça. Pour les fleurs que je voyais, pour la pluie qui me tombait dessus et pour le soleil à qui je permettais de griller mon visage.

J'ai même appris à aimer les dimanches, qui, avant, étaient synonymes d'un état d'ébriété assuré du côté de ma mère. Je les détestais. C'est fou comme j'aurais aimé les rayer du calendrier, sauter du samedi au lundi. Pourquoi, doux Jésus, avoir inventé le dimanche et l'avoir décrété Votre journée ?

À Jonquière, j'étais bien, même le dimanche. Mes craintes ne refaisaient surface que lorsque je retournais à Québec, pour y passer les longs congés et certains week-ends. Là-bas, elles m'attendaient de pied ferme, derrière le sourire glacé de Rachel. Elles étaient fidèles au poste, mes peurs. C'est tout juste si je ne les entendais pas ricaner derrière la porte de la maison.

J'aurais voulu les piétiner sur le tapis de l'entrée, mais elles me sautaient dessus, me rentraient dans le corps sans avertissement. Pas même le temps de crier lapin. Pas même le temps de crier poussin. Juste le temps que la peine et la colère reprennent le dessus.

Dernière station

Ainsi, toutes les raisons étaient bonnes pour fuir cette damnée maison. Mieux valait fréquenter des connaissances, au Denver, un petit bar des environs. Un endroit assez minable, mais où je me sentais bien. Peut-être parce que, justement, je me sentais minable moi-même.

Au Denver se tenaient tous les *bums* de la ville. J'y rencontrais toujours quelqu'un pour me payer quelques verres, des gars la plupart du temps. Alors je buvais de la bière. Pas au point d'être malade, mais juste pour être bien.

C'est dans ce bar que je sortais mon petit côté *heavy rock*. Je l'avais bien, celui-là, dans le rythme et dans le ton. C'était une mentalité que je comprenais. On est rock ou on ne l'est pas. Moi, je l'étais. Jamais gris le rock. C'est tout blanc ou tout noir, parfois rouge, mais toujours très clair et très intense, le rock.

J'ai compris très rapidement que, dans cet endroit, il fallait savoir faire sa place. Je l'ai vu dans les yeux de toutes ces petites pies jalouses qui jacassaient autour de moi.

– C'est qui, celle-là ? a lancé une fille un soir, très fort, pour que je l'entende bien.

– Marie-Ève, qu'elle s'appelle, celle-là, lui ai-je répondu sur le même ton bête.

Le silence m'a d'abord fait un peu peur, puis j'ai décidé de défier mes craintes. J'ai continué sur ma lancée, à ma grande surprise, ma très grande surprise.

– T'as un problème ? T'aimerais peut-être mieux que je m'appelle Marie-Claire ? Marie-Douce ? Marie-Petite ? Ou encore Marie-qui-t'aime-pas-la-face ? Marie-qui-te-conseille-de-la-fermer ? Marie-qui-frappe ? Et toi ? C'est quoi ton fichu nom ?

– Moi ?

– Oui toi ! J'ai les yeux croches ou quoi ?

– Chantale, a-t-elle répondu avec ses yeux couleur de lave-vitre.

– Chantale qui ? Chantale-qui-m'énerve ou Chantale-qui-la-ferme ?

– ...

Sa copine l'a interrompue dans sa réflexion.

– Viens, qu'elle lui a chuchoté entre ses dents croches.

– Enchantée d'avoir fait ta connaissance, Chantale-qui-la-ferme.

Dernière station

Une fois les présentations faites, j'ai eu la paix. On m'acceptait et j'étais à l'écart des gangs et de leurs petites « guéguerres ». Du grand art, n'est-ce pas ? Une image. Il suffit d'une image pour s'imposer. Simplement le look, la gueule, le regard et la rage. Rien d'autre. Mais j'avais aussi une facilité à cacher mes peurs, je ne sais pas pourquoi... N'empêche, je n'avais aucun rapport amical avec les gens de l'univers des bars.

Sauf peut-être une fois, avec un gars qui n'avait pas plus sa place là que moi. Il s'appelait Simon et était étudiant aussi. C'était un vendredi soir et nous avions discuté longtemps. Par la suite, il est retourné au Denver tous les vendredis soirs, en espérant m'y revoir. Mais ça, je ne l'ai appris que plus tard.

Après quelques heures à discuter avec lui, j'ai perçu de l'espoir dans ses yeux. Je le reconnais, l'espoir, pour l'avoir fréquenté souvent. Mais voilà, j'avais un petit problème : je n'avais pas les mêmes attentes que lui.

— Bon, je m'en vais, lui ai-je donc dit en fin de soirée pour m'échapper.

C'était mal le connaître.

— Attends un peu ! J'aimerais qu'on se revoie.

Et voilà. Fallait s'y attendre. Que faire maintenant ? Je ne donnais jamais mon numéro de téléphone. Je n'ai rien trouvé de mieux que de lui montrer une certaine indifférence. Pas trop, mais juste assez, comme cela :

– Regarde dans le bottin, j'habite sur la rue Lavergne.

De toute façon, il ne connaissait pas mon nom de famille. Plutôt traître comme procédé, je sais.

Centre Lucie-Bruneau, mai 2010

Ma queue de cheval est devenue une obsession. Même les infirmiers m'aident à relever le défi. Des infirmiers qui n'ont jamais fait de couette de leur bon sang de vie !

— Utilise tes yeux, me conseille l'un d'eux.

— Comment ça, utilise tes yeux ? Qu'est-ce que mes yeux ont à faire avec ma couette qui, je te le souligne, se trouve derrière ma tête ?

— Utilise tes yeux, Marie-Ève, et pas seulement tes mains. Visualise ce qui se passe derrière ta tête.

Je me suis mise à y réfléchir, puis à l'essayer. Tous les jours, je visualisais ce qui se passait derrière ma tête et, ma foi, ça allait beaucoup mieux, même si les doigts de ma main droite demeuraient insensibles.

15

La ténacité est une grande qualité. Et l'on ne peut pas dire que Simon en manquait. Un autre week-end où j'étais de retour à Québec, il a appelé. Allez donc savoir comment il m'avait retracée...

– Bonjour, Marie-Ève, c'est Simon.

– Qui ? ai-je répondu, surprise.

– On s'est rencontrés au Denver il y a quelques semaines.

Il a fallu qu'il me rappelle qui il était, le pauvre. Je ne me souvenais plus du tout de lui.

– Aimerais-tu venir chez moi pour écouter de la musique ? a-t-il proposé.

– Non.

Vous trouvez que j'ai été bête ? Non mais vous pensez vraiment qu'il voulait seulement « écouter de la musique » ? S'il y a une chose dont je me souvenais de notre conversation, c'est qu'il vivait seul, dans un petit studio. La musique, oui, il me semble... Naïve la Marie-Ève, mais pas à ce point-là.

Eh bien croyez-le ou pas, il m'a appelée comme ça chaque fois que je revenais chez ma mère. Et à tout coup, il me demandait d'aller chez lui. Je crois qu'il ne réalisait pas très bien que c'est justement ce qui ne me tentait pas. Et moi, pas plus intelligente, je voulais qu'il le devine tout seul. Il a finalement essayé une autre méthode.

— Voudrais-tu qu'on aille faire une promenade ? J'aime bien marcher.

Je dois avouer que sa ténacité était admirable.

— Bien sûr, lui ai-je donc répondu.

Toujours est-il qu'après cette petite victoire, ses invitations se sont répétées. Lorsque nous étions ensemble, chaque fois qu'il tentait un rapprochement, je m'esquivais avec toute la souplesse que l'on me connaît. Et hop, la jambe, et tourne, le dos ! Il ne fallait pas qu'il m'approche, tout simplement. Jusqu'au jour où il a commencé à me parler de ses autres fréquentations.

Dernière station

– Hier, je suis sorti avec une de mes copines, m'a-t-il dit.

Je me suis sentie un peu troublée... et j'ai eu peur tout à coup.

Oups ! Voyons, la Marie-Ève... Qu'est-ce qui te dérange tant ? Et qu'est-ce que c'est que cette douleur au cœur ? Ce n'est que Simon, après tout...

À partir de ce jour, j'ai commencé à le voir d'une tout autre manière. J'ai regardé ses épaules et je me suis surprise à penser que ce serait bien d'aller s'y coller. J'ai aussi commencé à reluquer sa nuque à son insu, chaque fois que je le pouvais... J'ai un petit penchant pour les nuques, c'est comme ça. Ses cheveux me donnaient des envies folles d'y glisser les doigts. Je revenais à Québec presque tous les week-ends, désormais. Et je n'attendais plus qu'il m'appelle, je prenais les devants. J'ai même accepté de rencontrer ses amis. Tous des gars qui étudiaient pour devenir avocat, médecin ou comptable agréé. Tous aussi gentils que lui.

– Voudrais-tu venir chez moi ? s'est-il risqué de nouveau un soir, devant le regard neuf que je portais sur lui.

– Oui. Et j'aimerais faire l'amour avec toi.

Il a bloqué. Il ne comprenait plus rien, je crois. En vérité, il était si décontenancé que j'ai regretté un instant mon manque de subtilité.

Alors je lui ai sauté dessus.

Et il a débloqué.

Centre Lucie-Bruneau, juin 2010

Vous ne pouvez pas savoir combien j'ai hâte d'être complètement rétablie et de pouvoir enfin être comme tout le monde. Par contre, je sais que je vais toujours avoir mal. La douleur fait désormais partie intégrante de ma vie. La douleur physique, j'entends. Un mal qui fait mal, bien sûr (il porte bien son nom celui-là !), mais que je supporte davantage que la douleur psychologique, je dois avouer.

Car c'est à elle que je m'attaque maintenant. Envers et contre elle. À l'assaut.

« Parles-en, Marie-Ève. Parle avec tes amis de ce que tu as fait », n'arrête-t-on pas de me conseiller.

Parler, parler, c'est bien beau, mais je ne veux pas les assommer avec l'histoire de ma vie. Et puis, comment peut-on raconter sa tentative de suicide et les raisons qui nous poussent à passer à l'acte ?

Comme s'il n'existait qu'une seule raison – ma déception amoureuse, par exemple – pour l'expliquer.

Et puis, entre vous et moi, les gens n'aiment pas entendre parler de suicide. Je préfère faire des blagues et les faire rire. C'est plus joyeux. Complètement affolant, pour eux, le suicide. Du moins, c'est ce que je lis dans les yeux de certains de mes visiteurs. L'affolement, je le vois à leur seule façon de m'aborder.

– Marie-Ève, il va falloir que tu restes longtemps au centre... Tu n'es pas encore assez en forme. Et puis, tu es bien ici, non ? Les gens sont gentils. Tu peux te reposer, ma chanceuse ! Moi, c'est fou à l'université.

Et blablabla et blablabla.

Vous voulez que je traduise ? Tenez, voici.

– Ne la laissez pas sortir d'ici ! On ne sait absolument pas comment agir avec une personne suicidaire ! Elle risque de se jeter en bas du premier pont venu ! Pitié, gardez-la...

J'aurais bien voulu leur rétorquer : « Pardon ? Excusez-moi mais sachez que je serais morte si je n'avais pas voulu revenir à la vie. Si j'avais voulu dire : "ah, et puis merde, ça suffit", alors je serais morte. » Mais je me suis accrochée. Vous ne voyez pas que je me bats, que je me défonce comme une diablesse pour retrouver toutes mes capacités ? Alors s'il vous plaît, ce qui va suivre ma sortie du centre ne regarde que moi. Si vous croyez que mon suicide est relié à une simple peine d'amour, alors pensez-le, et fichez-moi la paix.

Dernière station

J'ai confié ces pensées à Patricia.

— Franchement, Marie-Ève, c'est parce que tes amis t'aiment qu'ils réagissent comme ça. Tu ne peux pas leur demander de tout comprendre du premier coup.

Et gnagnagna et gnagnagna. Je vous épargne son discours, il est trop long, mais bon. Finalement, plus j'y pense et plus je crois qu'elle a raison.

16

C'est fou comme on s'entendait bien, Simon et moi. Il était aussi habile que mon père pour faire tomber ma colère en une seule phrase, fiable, attentionné, et surtout, hyper patient. Jamais choqué, jamais bougon.

Cet été-là, pendant les vacances scolaires, je suis revenue à Québec où l'on s'est vus tous les jours. On riait énormément ensemble. Je lui cuisinais des petits plats et on était bien.

Ma mère ne supportait pas que je me sente bien. Et moi, c'est elle qui m'énervait. Moins j'avais besoin d'elle et plus elle enrageait, c'était inévitable. Ce n'est que lorsque je pleurais que je la voyais sourire. Vous comprendrez que j'évitais de pleurer. Alors, elle intensifiait ses provocations et ma rage augmentait par le fait même.

Deux fois, elle a essayé de se suicider pendant l'été. La première tentative a eu lieu le jour de la

Saint-Jean-Baptiste. À notre retour, la maison était sens dessus dessous. Un vrai bordel. C'est fou tout ce qu'elle avait réussi à jeter sur le plancher : meubles, vaisselle, lettres déchirées en mille morceaux. L'une d'elles était restée intacte et on pouvait y lire : adieu.

Dans la chambre, une mère se trouvait en petits morceaux, elle aussi. Gavée de pilules. Rien de sérieux et qui nécessite une hospitalisation, toutefois, m'ont indiqué les préposés d'Urgence-Santé. Elle a dormi. Puis elle s'est réveillée avec des yeux exorbités et hargneux.

La deuxième tentative s'est produite après une grande chicane que nous avions eue toutes les deux. Elle ne me parlait plus. J'ai donc été surprise de l'entendre m'appeler de sa chambre.

– Marie-Ève, viendrais-tu me voir ?

– As-tu besoin de quelque chose ? lui ai-je demandé le plus simplement du monde, pour ne pas que la querelle reprenne de plus belle.

– Oui, j'aurais besoin que tu téléphones à un médecin parce que j'ai pris des médicaments.

– Qu'est-ce que tu as pris ? ai-je rétorqué avec un accent de panique dans la voix.

– Ça.

Dernière station

En voyant la quantité de bouteilles vides, j'ai compris que cette fois, elle devait aller à l'hôpital et vite. J'ai pris la voiture pour lui éviter une facture d'ambulance.

Bref, ma mère voulait que je m'occupe d'elle. Toujours. Constamment. Comme mon père le faisait. Mais je n'y parvenais pas. Je voulais avoir une vie à moi, sans cette énorme responsabilité sur mes épaules.

Bien que Simon m'était d'un grand secours, ma mère devenait omniprésente. Il y avait ma mère, il y avait lui et il y avait moi entre les deux qui n'avais que l'envie de partir très loin, toujours plus loin. Le goût de sortir de la maison, à tout le moins. Simon, lui, était plus casanier.

Je voulais bien l'être, moi aussi, mais pas tout de suite ! À soixante ans, peut-être... Pour l'instant, j'en avais dix-sept. J'ai donc commencé à m'ennuyer avec lui.

Vous vous souvenez que lors de notre première relation sexuelle, c'est moi qui lui avais sauté dessus ? Eh bien je crois qu'il a pensé que ce serait toujours ainsi entre nous. Alors il attendait que je fasse les premiers pas, que je prenne l'initiative. Comme pour l'organisation des sorties : il ne proposait rien, jamais rien. Alors je faisais les premiers pas. Toujours les maudits premiers pas.

Je lui ai dit que si les choses continuaient ainsi, j'avais peur que mon désir pour lui s'envole. Je crois qu'il ne m'a pas crue.

Puis est arrivé le moment où même Simon n'arrivait plus à calmer ma rage envers ma mère. Je n'avais même plus envie de parler. Ni à lui ni à personne. J'essayais de me faire comprendre et si ça ne marchait pas, j'abandonnais. Lasse.

J'étais fatiguée. Une sensation que je connaissais bien et depuis longtemps. Tout comme le chagrin, qui faisait la fête avec ma peur. Tous deux continuaient de me gruger. Et plus ils s'amplifiaient, plus mon côté rock reprenait le dessus. Le noir ou le blanc. L'anti-gris. Puis les crises d'angoisse sont revenues. Tout se dégradait. Ma vie était vide et aussi ennuyante que moi. Aussi éteinte que moi, c'est dire. Ce n'était plus la petite Marie-Ève, celle de l'époque du poussin jaune.

Non seulement je me trouvais moche, encore une fois, mais je me trouvais trop proche de ma mère et, par le fait même, de mes peurs. De folles idées s'installaient dans ma tête, des idées qui me disaient de m'éloigner, de cesser de me battre encore et toujours. Des envies de délivrance, de soulagement.

C'est durant l'une de ces périodes dépressives, cet été-là, que le téléphone a sonné. « Comme dans les films », ai-je pensé. C'est le gars des vues qui m'appelait. Non, pas réellement, mais c'était tout de même une bonne nouvelle. Il s'agissait d'un ami de Marcel Boudreau, un de mes professeurs en journalisme à Jonquière.

– Bonjour, Marie-Ève. Mon nom est Pierre-Luc Simard. Marcel m'a donné ton numéro de téléphone.

– Ah bon. Il va bien, Marcel ?

– Oui, il va très bien. Écoute, je sais que tu n'as pas encore terminé tes études, mais j'aurais un travail à te proposer. Je vais fonder une revue à caractère culturel et j'ai besoin de quelqu'un qui connaît la danse pour tenir la section qui sera réservée à cette discipline. Tu pourrais écrire sur d'autres sujets aussi, bien sûr, mais je pense que ce serait une bonne occasion pour toi de commencer dans le métier. Par contre, si tu acceptes, tu devras abandonner tes cours et déménager à Montréal...

Montréal ? Celle que je surnommais *la jungle* ? Cette métropole qui affronte toujours Québec, ma Vieille Capitale adorée ? Et voilà qu'aujourd'hui, elle arrive à mon secours pour me sauver ? Ah la vie ! On ne sait jamais ce qu'elle nous réserve. Un emploi dans ce monde sans emploi qu'est le journalisme ? Je croyais rêver.

– Je sais que c'est rapide mais j'aimerais que tu y penses sérieusement. Marcel m'a beaucoup parlé de toi et j'ai l'impression que ce travail te conviendrait parfaitement. Je te laisse mon numéro. Téléphone-moi le 15 août. Deux semaines, est-ce un délai suffisant pour réfléchir ?

– Ça ira, lui ai-je répondu.

Quand j'ai reposé le combiné, mes mains étaient moites, mon visage était blanc et mon cœur cognait fort dans ma poitrine. Quant à ma vie, elle ? Elle se sentait déjà beaucoup mieux.

Centre Lucie-Bruneau, juillet 2010

C'est compliqué, un cerveau, surtout quand il est abîmé. Mes nouveaux voisins, dans l'aile où l'on vient de me transférer, ont eu le cerveau broyé par des accidents. Parfois, ça ressemble à de la folie, mais ce n'est pas ça. Je les appelle affectueusement les « déboussolés », bien qu'ils soient doux et attachants.

La vraie folie, elle, arrive autrement. C'est fou, la folie. Ça te guette, ça t'observe et ça peut te sauter dessus à n'importe quel moment. Dans les moments de grand désespoir, de préférence. Elle adore le désespoir, la folie. Elle en bouffe du désespoir. Par conséquent, il faut éviter d'y sombrer, car c'est là qu'elle rôde, la folie.

J'aime être en contact avec mes déboussolés, car ils connaissent des secrets de la vie que personne d'autre ne connaît, qui ne s'apprennent et ne se comprennent que dans la douleur. Aujourd'hui, je suis en mesure de les comprendre moi aussi, et la seule manière de le leur dire, c'est en leur souriant. C'est la seule façon que j'ai trouvée pour les aider à mieux vivre, puisque la plupart ne pourront jamais guérir.

Autour de moi, il y a un tas de gens qui souffrent le martyre. Ce n'est pas le geste que j'ai commis qui me fait me sentir coupable. C'est de ne pas avoir pu leur prêter à eux la vie que j'ai voulu m'enlever.

17

– Marie-Ève, c'est David pour toi, m'a dit Simon.

À l'autre bout du fil, mon frère était plutôt énervé. Il me téléphonait de l'hôpital où ma mère venait d'être admise.

– Quand je l'ai trouvée, elle était complètement saoule et elle avait dégringolé les escaliers de la maison ! Elle était étendue, mais pas inconsciente.

– Où est-elle, maintenant ?

– Elle a été transférée dans l'aile psychiatrique.

– Bien.

– Écoute, Marie-Ève, je dois partir. Pour cette nuit, on m'a assuré qu'elle devrait dormir et que, dès demain, elle irait beaucoup mieux, mais ils veulent la garder quelques jours de plus.

– Parfait.

– Demain, Carolanne et toi vous devriez aller la voir et lui apporter quelques vêtements et articles de toilette. Ne prêtez surtout pas attention à ce qu'elle raconte... Je vous avertis parce que dans ses délires, elle n'arrête pas de s'en prendre à vous.

– Ah oui ? Et pourquoi ?

– Elle dit que vous êtes toutes les deux responsables de ce qui lui arrive...

Pendant qu'il me lisait la liste des effets à apporter à ma mère, je prenais des notes sur papier. Dans ma tête, j'en prenais d'autres, celles-là dictées par la colère.

Le lendemain, il ne nous manquait plus que le déodorant sur la liste. Alors, ma sœur et moi, nous avons fait un saut dans une pharmacie avant de nous rendre à l'hôpital.

– Nous avons une belle promotion sur ce déodorant. En prime, nous vous donnons des lames de rasoir, a innocemment lancé la caissière.

– Des lames de rasoir ? a répété Carolanne avant de me regarder, incrédule.

C'est ce regard qui a tout déclenché. Un fou rire incontrôlable s'est emparé de nous, impossible à arrêter. Un rire nerveux comme lorsqu'on était petites. Un rire de dérision, un rire absurde, un rire complice mais aussi un rire d'abandon. De laisser-aller total.

Je ne sais pas comment Carolanne a fait pour reprendre son sérieux.

– Ça va aller, madame. On ne prendra pas les lames de rasoir, merci. On s'en va justement en voir un.

– Un quoi ?

– Un rasoir. Il s'appelle Rachel.

En franchissant la porte, on a encore pouffé. À vrai dire, on était en plein délire.

On a eu le temps de se calmer avant d'arriver à l'hôpital. Notre nervosité et nos peurs avaient, elles, bien repris leur place pour nous envahir tout entières.

– Nous aimerions voir Rachel Voyer. Je crois qu'elle est en psychiatrie, a simplement indiqué Carolanne.

– Seule la famille proche a le droit de visite. Qui êtes-vous ?

– Ses filles.

Le visage de l'infirmière a semblé effrayé tout à coup.

– Vous êtes ses filles ? Faites bien attention, elle vous attend avec des couteaux...

Mon sang n'a fait qu'un tour, un seul. Il martelait mes tempes et faisait bondir mon cœur. Vous savez quoi ? J'ai toujours eu peur qu'elle me tue et Carolanne aussi. Mais on n'en parlait pas. Puis une énorme décharge d'adrénaline a pris le relais et tout à coup, mes peurs se sont apaisées pour faire place à une rage sourde.

– La dernière porte à gauche, nous a-t-elle indiqué. Je peux appeler quelqu'un pour vous accompagner, si vous le voulez.

– Non, ça ira, a affirmé ma sœur.

– La dernière porte à gauche, ai-je bêtement répété en quittant le comptoir avec, dans la voix, un mélange de souvenirs de tous les films d'horreur que j'avais eu l'occasion de visionner depuis mon enfance.

Je n'en ai pas vu beaucoup. On en vivait un tous les jours à la maison.

En passant la porte, j'ai tout de suite aperçu les couteaux dont parlait l'infirmière. Ils étaient dans les yeux de ma mère et ils étaient bien aiguisés. Des yeux injectés de haine, d'animal, pires que je ne les avais jamais vus.

« Un animal qui ne gagnera pas, cette fois-ci », ai-je pensé, plus déterminée que jamais.

Je venais de réaliser qu'elle ne pouvait plus m'atteindre. La tension s'est évanouie d'un seul coup. En quelques secondes, j'étais redevenue calme.

– Installez-vous, faites comme chez vous, nous accueillit ma mère d'une voix chantante.

On aurait dit qu'elle entonnait un hymne national à l'ironie.

– C'est ici que j'habite, maintenant. Je suis enfermée avec des fous.

« C'est ta place », ai-je pensé intérieurement.

Carolanne s'était assise le plus loin possible d'elle, près de la fenêtre. La seule autre chaise vide étant près du lit, je décidai de rester debout.

– Viens t'asseoir, Marie-Ève, je ne te mangerai pas, roucoula-t-elle comme une grenouille.

Je sais, une grenouille ne roucoule pas, elle croasse, mais ma mère à moi, elle roucoule. Et puis j'ai toujours détesté les grenouilles.

À voir les couteaux que nous lançaient ses yeux, j'imagine un peu quel massacre elle aurait fait avec des lames de rasoir... Dès que ma sœur parlait, j'entendais siffler le son clair d'une lame à travers les répliques cinglantes de ma mère. Elle était plus virulente que jamais.

Je la regardais droit dans les yeux. Très droit et très profondément. Comme jamais je ne l'avais fait. Elle a continué à insulter Carolanne, mais elle ne s'est pas adressée une seule fois à moi. Alors, calmement, j'ai pris la parole.

– Je m'excuse, mais on n'est pas venues ici pour se faire engueuler. Nous deux, on peut sortir. Alors on s'en va. Si tu as besoin de quelque chose et que tu es dans de meilleures dispositions, appelle-nous.

Nous avons quitté l'hôpital, tremblantes, mais vivantes. Je savais pour ma part que je tremblais pour la toute dernière fois. Je savais que je ne la reverrais plus. J'étais décidée et épuisée. En vérité, jamais je ne m'étais sentie aussi épuisée de toute ma vie.

Centre Lucie-Bruneau, juillet 2010

Merde ! Pourquoi est-ce que je ne suis pas morte sur la table d'opération ? Je veux mourir...

Ne vous inquiétez pas, il m'arrive encore parfois de le dire. Et de le penser aussi. Mais c'est rare, et passager.

« Si tu es restée en vie, c'est que ton heure n'était pas venue. Si tu es restée sur Terre, c'est que tu as une mission à accomplir. »

On me répète toujours ça. En fait, il n'y a que ma psychologue qui ne me l'a pas dit. Mais y a-t-il enfin quelqu'un qui va m'expliquer ce qu'est cette damnée mission ? Est-ce que je suis ici pour sauver quelqu'un de la noyade, d'un accident d'auto... ? Je rêve d'un coup de téléphone, seulement un, qui me dirait :

– Marie-Ève ? Bonjour. Je t'appelle pour t'expliquer ta mission.

C'est un de mes plus gros fantasmes.

En attendant, j'essaie de me faire une queue de cheval. Je sais que l'on doit me trouver bizarre comme ça, à m'obstiner avec ma couette jusqu'à ce que la douleur m'arrête, mais je m'en fiche. On n'en est pas à une grimace près. Et depuis un certain temps, je vous l'ai dit, c'est surtout le plan psychologique qui me préoccupe.

Après la mort de mon père, je m'étais fabriqué une espèce de bouclier, qui devait me protéger. Mais voilà, il stoppait tout, le bouclier, sans distinction. Il arrêtait les peines, mais il refusait aussi les joies. Je commence à le comprendre, maintenant.

Je découvre aussi petit à petit que ma mère n'est pas la seule responsable des craintes qui m'envahissaient à répétition. Il y a aussi mes peurs bien à moi. Peur de manquer d'argent, de ne pas pouvoir travailler, de ne pas avoir de maison...

Parmi ces réflexions, je me dis que je suis parvenue à passer au travers malgré tout. J'ai tout perdu, mais je suis toujours là. Blessée, abîmée physiquement, peut-être, mais je me suis rendue si loin que je n'ai plus peur, désormais. C'est fou, mais c'est comme ça.

Tous ces constats, je crois que je les dois beaucoup à ceux qui ont su m'écouter durant ma convalescence. Depuis que je les fréquente, j'apprécie davantage les psys. Ils m'ont enseigné mille et un trucs pour faire face à la « revie »... L'un de ceux-là est de ne plus enfouir mes sentiments, dire sur le moment ce que je ressens.

Dernière station

Avant, si on me disait une bêtise, je me taisais et je ne me posais pas de question. L'autre avait toujours raison. Aujourd'hui, si je parle, c'est pour ne pas accumuler. C'est très important, m'a-t-on expliqué. Alors je le fais. Je dis tout, tout de suite. Voyez :

— *Patricia, tu m'énerves avec tes questions.*

— *Quoi ? Mais qu'est-ce qui te prend, toi, ce matin ?*

Bon d'accord, ce n'est pas encore tout à fait au point. Il me reste encore à trouver le moment pour dire les choses et la manière convenable de les exprimer. Dans ce cas-ci, ça n'a pas eu l'effet escompté.

— *Marie-Ève, qu'est-ce qu'elle fabrique, ta famille ? Pourquoi ils ne viennent pas te voir au centre ?*

Saloperie.

Pas Patricia, la saloperie. Plutôt sa question. Une saloperie de question qui te tord les boyaux. Bon, là, je deviens agressive. Parce que je ne sais pas quoi répondre. Parce que je cherche quoi dire et que j'essaie de trouver n'importe quelle réponse qui pourrait me sortir de cette impasse. Tout, sauf la vérité, qui n'est pas facile à dire. Mais attention. La nouvelle Marie-Ève, celle qui dit tout, va se lancer. Là. Maintenant. J'y vais.

— *Je ne sais pas pourquoi ils ne viennent pas me voir. Je ne comprends pas. Je vois bien comment ça se* passe, pour les autres patients... *Tous ces frères et sœurs qui viennent les visiter... La seule chose que je peux te dire, c'est que ça fait mal. Très mal.*

Je me suis transformée en véritable torrent, subitement. J'ai juste eu le temps de lire de la douleur sur le visage de Patricia. Et plein d'amour aussi.

Elle m'a prise dans ses bras et m'a bercée. C'est curieux de se faire bercer par une amie, mais c'est aussi très bon finalement. On n'a pas parlé. Moi, j'ai pleuré. Beaucoup. De très gros sanglots, d'énormes sanglots, qui m'ont prise par surprise. Patricia aussi a pleuré. Pour moi, je crois. Parce qu'elle me comprenait.

    – Tu le sais, hein, toi, Patricia ? Tu le sais à quel point j'ai aimé ma mère ?

Elle a juste eu le temps de dire oui que j'ai recommencé à pleurer encore plus fort. Pleuré de peine, pleuré de rage, je ne sais plus. Des larmes, il y en avait partout. Elles remontaient de toutes les parties de mon corps comme des grosses vagues et elles se finissaient dans une flaque sur le chemisier de mon amie.

    – Excuse-moi, Pat.

    – Ne t'excuse pas et ne t'arrête surtout pas. Pleure, Marie-Ève. Pleure un grand coup, toute la journée si tu veux. Je reste avec toi.

Alors j'ai pleuré, comme ça, je ne sais plus combien de temps. Puis je suis devenue toute sèche, toute fripée

Dernière station

et ratatinée. Mais non. Ça c'est une métaphore... On ne peut pas sécher. On peut se vider, par contre. Je crois que c'est ça que signifie « se vider le cœur ».

Et, croyez-moi, je ne savais pas que ça pesait si lourd, des larmes. Mais quand elles ont été enfin expulsées, je me suis sentie légère. Enfin.

18

Après cette visite à l'hôpital avec ma sœur, Simon et moi avons eu une longue discussion...

– Écoute, Simon, il n'est plus question pour moi de revoir ma mère. Je n'habiterai plus chez elle, ni les week-ends ni l'été, c'est fini. Je suis déterminée à rompre définitivement les liens. Qu'est-ce que tu dirais si je déménageais chez toi pour que je puisse avoir la paix lors de mes retours à Québec ?

– Chez moi ?

– Oui, c'est ça. C'est bien ce que j'ai dit.

– ...

– Je pensais que l'idée te plairait...

– ...

– Eh bien, dis quelque chose ! Parle, merde.

– Je ne suis pas prêt à envisager cette possibilité, Marie-Ève. Je suis vraiment désolé, mais je ne crois pas que ce soit la meilleure idée pour nous en ce moment. Oublie ça, veux-tu ?

S'il avait su tout ce que je tentais d'oublier déjà... Toutes les idées que j'essayais de m'enlever de la tête, et certaines, bien plus noires que l'idée de déménager chez lui. De toute manière, je connaissais sa réponse avant même de lui avoir posé la question. Je savais ce qu'il allait me dire. Sa phrase était là, en moi. À l'endroit précis où sont logées toutes mes peurs. Je savais qu'il ne s'engagerait pas vraiment avec moi.

Pour ma part, je sentais qu'il fallait que je fasse un changement majeur dans ma vie et que je le fasse vite. Il fallait que je m'éloigne définitivement de ma mère, que je trouve une solution pour vivre de manière autonome, physiquement et financièrement, que ça bouge. Il fallait que je change de vie, radicalement. Et si, par malheur, cette dernière tentative ne fonctionnait pas, alors je saurais quoi faire. Je savais que je prendrais le métro, mais d'une façon plus draconienne que je ne l'avais jamais fait encore. Le métro serait tout près, facilement accessible, dans la jungle montréalaise...

– Bonjour, monsieur Simard. C'est Marie-Ève Lalonde à l'appareil. Vous savez, l'étudiante de Jonquière...

Dernière station

– Bonjour, Marie-Ève. J'attendais ton téléphone. Tu as pris ta décision ?

– Oui, votre offre m'intéresse.

– Parfait, est-ce que tu pourrais venir me rencontrer ce vendredi ?

– Bien sûr. Je note l'heure et l'adresse...

Je tente le coup. On parle beaucoup des tentatives de suicide. Alors pourquoi ne parle-t-on jamais des tentatives de vie ?

Super. Bonjour Montréal ! Bonjour la job ! Bye bye Rachel... C'est incroyable, quand même, la chance qu'on peut avoir malgré une vie qui nous semble complètement fichue...

Monsieur Simard m'a même trouvé un appartement que je partagerais avec un certain Francis, graphiste du futur magazine pour lequel, attention, j'allais être journaliste. Journaliste, moi ! Sacrée Marie-Ève ! « Ici Marie-Ève Lalonde, en direct de Montréal... »

Wow, wow et rewow ! Francis, mon nouveau collègue et colocataire, se tient devant moi, dans le portique du petit appartement où je n'arrête plus d'essuyer mes pieds, obnubilée par sa beauté.

– Bienvenue, Marie-Ève. Je m'appelle Francis.

– Salo ! Euh... salut !

Oh *my God* ! J'ai voulu dire salut et allô en
même temps, et c'est sorti « salo ». Un lapsus
idiot... Meeerde, merde et remerde ! Ça commence
mal. Pire que mal. Jamais je n'ai été aussi gênée de
ma vie.

Que m'arrive-t-il ? J'ai l'air de quoi, là, sinon
d'une parfaite imbécile ? Mon cœur me signale la
sortie de secours. Il veut bondir à l'extérieur de
mon corps, je crois. Ce n'est pas malin. « Toi, tu
restes en place et tu te tiens tranquille », lui ai-je
ordonné intérieurement. « Ça va, fais pas le fou !
Doux... doux... »

Combien d'heures se sont écoulées depuis ma
lamentable entrée en matière ? D'après l'horloge
derrière sa tête toute blonde qui porte de merveil-
leuses lèvres, on serait toujours à la même minute...
Bon sang, mais reprends-toi, Marie-Ève, je t'en
supplie. Et vite ! Il rit, je crois. C'est bon signe.

– Désolée. Je crois que le voyage m'a un peu
fatiguée. Je déparle...

Pas si mal comme excuse dans les circons-
tances. Enfin bon, ça passe.

– Ça me fait plaisir de te rencontrer. Entre,
ne reste pas là. T'as pas à te sentir mal à l'aise,

142

Dernière station

tu es chez toi autant que chez moi, ici. Viens déposer tes affaires, je vais te faire visiter l'appartement.

Je n'ai rien vu de l'appartement. Rien entendu non plus. Et quand je vous dis rien, c'est rien. Je n'ai vu que ses lèvres qui bougeaient. Et quelles lèvres !

Il doit bien se rendre compte que je le dévore des yeux. Il se retourne et j'aperçois sa nuque ! Mes yeux s'y sont posés avec le plus grand naturel. Comment résister ? *Marie-Ève, arrête de le regarder comme ça !*

– Là, il y a le salon. Et on a aussi un enregistreur numérique. Est-ce que tu sais comment t'en servir ?

– Oui.

Ce n'est même pas vrai ! Je n'ai jamais touché à ce fichu bidule de toute ma vie, mais je lui ai répondu oui. Comme ça ! Comme une idiote. Et qu'est-ce que je vais lui dire quand il me demandera d'enregistrer une de ses émissions, hein ? Qu'est-ce que je vais lui raconter ?

Le voilà qui me fait visiter sa chambre maintenant. Je me demande de quoi j'ai l'air, en ce moment... *Cool, Marie-Ève. Aie l'air cool. Dis quelque chose. N'importe quoi.*

143

– C'est une très belle chambre.

C'est bête comme commentaire, je sais, mais je n'ai rien trouvé de mieux. Je suis si nerveuse que j'en oublie même de respirer, alors imaginez dire quelque chose d'intelligent.

– Ici, c'est la tienne, me dit-il en me montrant une autre pièce.

– Oh, elle est parfaite. J'aime la couleur.

Elle est violet. Je déteste le violet. Mais avec lui, posté devant un mur violet avec ses yeux verts, elle me semble extraordinaire.

– Tu as l'air fatiguée. Ne te gêne pas si tu veux te reposer. Je ne travaille pas ce soir, on aura tout le temps pour jaser plus tard. J'ai hâte de te parler du bureau. Je vais me charger moi-même de te faire visiter, demain, si tu veux.

– ...

« Oh oui ! », ai-je pensé. Mais aucun son n'a franchi mes lèvres.

– ... OK. Alors repose-toi.

En refermant la porte, il m'a décoché un de ces sourires.

Dernière station

Une fois seule, j'ai essayé de me refroidir les idées et de penser à Simon. Mais je n'y suis pas parvenue. Je n'avais qu'une seule envie, celle de crier, de hurler tellement je me sentais coincée avec des émotions contradictoires et dérangeantes. Que dirait Simon s'il me voyait ainsi ? Dans quel pétrin est-ce que je m'étais fichue ?

Simon. Simon. Simon. Simon. Simon. Étendue sur mon nouveau lit, j'essaie de le visualiser, de méditer sur notre relation. Je n'ai jamais fait de méditation. Évidemment, ça ne fonctionne pas. Simon... Simon... C'est lui que je devrais voir apparaître dans ma tête, mais évidemment c'est Francis qui déboule devant mes yeux. Arrrrgh !

Les coups de foudre, ça n'arrive pas que dans les films, on dirait. J'en apprends, j'en apprends. *My God* que j'en apprends !

Centre Lucie-Bruneau, août 2010

Patricia trouve que je suis comme une boîte à surprises, avec toutes les nouvelles découvertes que je fais chaque jour. Je lui réplique que c'est le centre qui est une boîte à vie. Petit à petit, il me redonne goût à la mienne.

— Tu sais, Patricia, je me considère comme une handicapée à long terme.

— Pourquoi tu dis ça, Marie-Ève ? Avec tous les progrès que tu fais tous les jours...

— Parce que ça fait partie d'une réalité que je dois assumer entièrement. J'aime mes blessures, elles font partie de ma rééducation, tout comme mes cicatrices de pirate font partie de ma nouvelle physionomie.

— C'est quoi ça, des cicatrices de pirate ?

— Ce sont de toutes petites cicatrices... C'est Francis qui les a nommées ainsi quand j'étais à l'hôpital.

— Ah bon. T'as eu des nouvelles de lui depuis que tu es au centre ? demande Patricia en levant les sourcils.

— Non. Je lui ai dit de ne plus chercher à me revoir.

— Parfait.

— Parfait ? T'en es vraiment sûre ?

— Oui. Il n'y a rien à attendre de vrai avec ce gars-là. Il n'est pas sérieux.

— Je le sais, mais t'as vu ses lèvres, Pat ?

— Oui, je les ai vues et je peux très bien imaginer qu'elles soient envoûtantes pour toi, mais ça ne me fait pas changer d'idée sur lui.

— Moi non plus.

— Très bien alors. De quoi parlait-on avant Francis et ses cicatrices ?

— De mes blessures... Tu sais ce que je réalise ? Qu'il a fallu que j'arrive ici pour apprendre à vivre.

— Tu crois ça, vraiment ?

— Oui. Je n'avais jamais appris à vivre. Je fonctionnais, rien de plus. Et je ne connaissais même pas mes couleurs.

Dernière station

— *Tes couleurs ?*

— *Le noir et le blanc, ce ne sont pas des couleurs. Et moi, on dirait que je voyais toujours soit tout noir, soit tout blanc, souvent rouge ou jaune poussin. J'ignorais les nuances qui créent les tons pâles et foncés... Elles sont très douces, les nuances. Elles permettent de donner des chances à la vie.*

19

Simon ne l'aurait jamais fait, mais moi je l'ai fait. Je lui ai brisé le cœur. Voir Simon pleurer était une atrocité. La pire des calamités. J'étais triste et je me trouvais bête. J'avais l'impression d'avoir arraché les plumes de mon poussin adoré.

Aussi bien l'avouer, je me considérais la dernière des dernières. Je me sentais souillée. Souillée et dégueulasse, il n'y avait pas d'autre mot. À m'en rendre malade. Dégueulasse vient du mot dégueuler. C'est ma visite aux toilettes qui me l'a douloureusement rappelé. J'y ai laissé quelques tripes, je crois.

Francis venait tout juste de se séparer, lui aussi, mais il avait l'air de s'en être tiré plutôt bien, contrairement à moi. Comment arrivait-il à oublier si vite ? Pouf ! Disparue, l'ex. Pour ma part, Simon circulait encore dans mes veines. Francis gambadait dans mes tripes et Simon pleurait dans mes veines.

Je n'avais pas parlé de mon passé à Francis. J'avais peur de réveiller des fantômes en moi. Je craignais surtout que mon passé ressurgisse et me hante toute ma vie. De toute manière, il n'aurait pas compris.

Mon cœur n'avait pas arrêté de battre pour Francis, mais d'un autre côté, tout allait trop vite pour moi. J'aurais eu besoin d'un moment de transition alors que j'avais les deux pieds dans un tourbillon.

J'essayais de tout assimiler en même temps. Le nouvel appartement, le nouvel amoureux, le nouvel emploi. J'essayais de tirer un trait sur mon passé, sur mes peurs, sur ma mère, sur ma famille. J'essayais d'oublier la peine que j'avais faite à Simon, de suivre le rythme de vie de Francis, qui était beaucoup plus rapide que le mien.

À l'opposé de Simon, il faisait tout rapidement, et n'en finissait plus de programmer nos soirées, de planifier des sorties. J'avais l'impression d'être à sa remorque, comme une idiote, alors que lui m'analysait froidement. Avec sa tête. Il disait qu'il comprenait. Bien sûr, oui.

– C'est difficile pour toi de t'adapter à Montréal, à cette nouvelle vie, je comprends, qu'il me répétait.

Et la déchirure, tu la sens aussi, peut-être ? Ce n'est pas la peine, va. Non, tu ne comprends pas. Ce n'est pas grave, comment pourrais-tu être en

mesure de comprendre, bel homme de mon cœur ?
Ça n'a rien à voir avec la tête ou la raison, mon
état. Laisse tomber. Donne-moi un peu de temps,
s'il te plaît. Juste un peu de temps... je t'en prie.

Et toi, Marie-Ève, assume tes nouvelles fonc-
tions, assume tes bêtises.

Bon sang que c'est épuisant un nouvel amour
quand tu n'as même pas encore réglé la culpabilité qui te lie au précédent. Je sentais bien que c'est
moi qui perdais le nord dans cet enchevêtrement
d'émotions. Ce qui devait couler de source devenait compliqué. Sans raison logique. Je ne m'habi-
tais plus.

« T'es qui toi ? » ai-je interrogé mon reflet devant
le miroir. À défaut d'une réponse qui tardait à
venir, j'ai tiré la langue en une grimace laide. Laide
comme le nouveau visage qui s'y reflétait. Et que
je détestais. Celui de la fille qui avait abandonné
Simon.

Francis venait de remarquer ce visage-là, lui
aussi. Je crois qu'il ne l'aimait pas beaucoup plus
que moi. Je n'étais plus la Marie-Ève qu'il voulait
voir. Je me sentais prise au piège, traquée. Et je me
détestais, carrément.

– Ça va ? m'a demandé Francis, un matin où
je me sentais particulièrement sombre et affreu-
sement accablée.

– Non. Ça ne va pas du tout.

Francis approcha sa main de mon front.

– Marie-Ève, tu es brûlante !

– J'ai plutôt chaud, oui. Je ne sais pas ce qui se passe.

Le médecin me l'a dit.

– Vous avez une bronchite. Vous êtes sur le point de faire une pneumonie. Vous allez devoir arrêter de travailler quelque temps.

Oh non, ce n'est pas vrai ! Pas le travail que j'aime tant...

Même mon travail, celui qui me faisait oublier mes problèmes, me fuyait...

Centre Lucie-Bruneau, août 2010

Cela m'a pris sept mois.

— Ça y est ! Ça y est ! Ça y est !

— Bon sang, Marie-Ève, qu'est-ce qui t'arrive ? me demande Sylvie, l'infirmière de service.

— Regarde, Sylvie, tu ne remarques rien ? Là ! Derrière ma tête !

— Non. Qu'est-ce que je dois voir au juste ? Il y a tes cheveux...

— C'est ça... Tu chauffes ! Mes cheveux... et qu'est-ce qu'ils ont de spécial, aujourd'hui, mes cheveux ?

— ...

— Ils sont en forme de... ? En forme de quoi, Sylvie ?

— En forme de couette.

— Et qui a réalisé cette couette, d'après toi ?

— Je ne sais pas. Je ne sais pas exactement qui était l'infirmier de garde, ce matin. Je viens de prendre mon service.

— Eh bien, c'est moi !

— T'as réussi ta queue de cheval ? C'est vrai ?

— Oui, madame. Toute seule. T-O-U-T-E-S-E-U-L-E.

Il y a plusieurs sortes de victoires dans la vie. C'en fut une belle. Une très grande.

20

– Marie-Ève, ce n'est pas comme ça que j'aurais voulu que ce soit entre nous. Ça ne fonctionne pas nous deux...

C'est Francis qui parle. Je savais bien que je m'étais trompée. Je me sentais ridicule de l'avoir choisi, lui. Le cœur n'a pas de tête, croyez-moi. Au lit, ça va. Trop bien, même. Mais pour la relation, je me suis fait avoir. Je vous ai dit que j'avais toujours eu de la misère à réaliser en qui je pouvais avoir confiance et en qui je ne le pouvais pas ?

Bref, notre relation n'était vraiment pas sérieuse pour Francis. Dès la première crise, il se défile. De la lâcheté, de l'égoïsme. Ces choses-là, on les sent rapidement. Ce n'est pas qu'il n'y a pas de place pour moi dans le cœur et dans la tête de mon graphiste. C'est qu'il y occupe toute la place, tout l'espace. Il ne vit que pour lui-même et par lui-même.

Je crois qu'il est en colère. Moi aussi je n'arrête pas de me fâcher. Le dernier mois a été difficile, je l'avoue. Malade, sans travail, accablée... J'étais plutôt bête et insupportable. Je pense que j'ai voulu me faire haïr. Un peu comme moi je me haïssais. Sournoisement. Sans que ça paraisse. Mais de là à le voir partir... À me faire abandonner de nouveau...

– Attends un peu, Francis, s'il te plaît, laisse-moi du temps.

– Marie-Ève, ce n'est pas la vie que je voulais vivre avec toi.

Je n'avais rien à ajouter à cet argument. Bien sûr que ce n'était pas la vie qu'il voulait vivre, tu parles. Moi non plus, ce n'était pas la vie que je voulais vivre, tiens. J'étais épuisée, physiquement et moralement. J'étais défaite, décomposée, bourrée de remords et de honte.

– Marie-Ève, je vais m'en aller.

Moi aussi, je pense que je vais m'en aller.

Bien sûr, je n'ai pas dit ça, je l'ai simplement pensé. Depuis un certain temps, je lui lançais déjà des messages : « Francis, tu n'auras plus de problèmes avec moi. Je vais régler tout ça bientôt. » Des phrases du genre, sans réelles conséquences. Enfin, c'est ce que je me disais.

Ce que je commençais à réaliser, par contre, c'est que les peurs avaient aussi fait le voyage à Montréal, finalement.

– Réfléchis une journée, lui ai-je demandé. Je vais voir mon oncle Marcel et ma tante Monique aujourd'hui. On pourrait en reparler ce soir, peut-être ?

Je savais exactement ce qu'il me répondrait. Je le savais parce que je le comprenais. Il ne voulait pas plus de moi que *je* voulais de moi. On arrivait à la même conclusion tous les deux. On s'entendait bien là-dessus, au moins.

Toute la journée, j'ai souri en compagnie de Marcel et Monique. Ils venaient de planter un érable derrière la maison. Auprès de ce petit arbre et auprès d'eux, j'ai retrouvé mon calme et une certaine sérénité.

– Allez-vous penser à moi en regardant grandir votre arbre ?

– Tiens ? Tu as de drôles d'idées toi !

– Drôles ou pas, j'aimerais que vous pensiez à moi...

– D'accord, m'ont-ils répondu.

– Et quand il aura dix ans, je veux que vous achetiez un petit poussin pour le déposer à son pied.

– Mais qu'est-ce que tu racontes, Marie-Ève ? Ça ne va pas ?

– Je blaguais. C'est une histoire que j'ai entendue, petite, à la télévision. Caillou, je crois.

N'importe quoi. Petite, je détestais Caillou. Mais bon, j'y étais allée un peu fort, je devais me trouver une excuse.

« Qu'ont-ils pensé de ma réponse ? » Voilà la seule question que je me suis posée cette journée-là. Les autres, toutes celles restées en suspens depuis trop longtemps, j'y avais répondu et je me sentais drôlement bien tout à coup. J'ai regardé le soleil très souvent.

J'étais juste un peu triste. Un gros peu, oui. D'avoir raté ma vie. D'avoir échoué dans la mission que m'avait confiée mon père.

Parlant d'échec, Francis est arrivé chez Marcel et Monique sur sa fichue moto. C'est lui qui me ramène.

J'ai attendu qu'on s'arrête à un feu rouge pour lui demander.

– Est-ce que tu aimerais aller souper quelque part ?

– Non.

J'ai attendu pour la suite. J'ai attendu qu'on soit arrivés à l'appartement.

– Francis, j'ai quelque chose à t'avouer.

– Quoi ?

– Je t'ai menti. Je n'ai jamais touché à un enregistreur numérique de ma vie. Je ne sais absolument pas comment ça fonctionne ! Voilà, il fallait que je te le dise, c'est tout. Bon. Et puis ? Est-ce que t'as pris une décision ?

– Oui, je déménage chez mon frère.

– Non. Ça va, reste ici. C'est moi qui vais m'en aller.

C'est là que tout a chaviré, que j'ai perdu les pédales. Une vraie panique intérieure.

Je n'ai pas pensé regarder l'horloge pour savoir si la vie, à ce moment-là, se déroulait en secondes, en minutes ou en heures.

J'ai seulement fait mon sac. Un bien petit sac, pour une bien petite vie.

– Bonne chance, lui ai-je dit en sortant.

Ce n'était pas ironique. Je lui souhaitais réellement d'avoir de la chance.

Et moi, je me rendais en courant vers la mienne. Ma chance à moi, c'était d'avoir encore un peu de

temps avant qu'arrive le dernier métro. Ma station ?
Mont-Royal.

Centre Lucie-Bruneau, octobre 2010

J'ai eu neuf mois pour penser à ma guérison, pour prendre de l'énergie au lieu d'en perdre. Neuf mois de répit dans une vie. Neuf mois à être entourée de gens extraordinaires pour faire face à la « revie ». Cela m'aura pris neuf mois. Neuf mois à l'intérieur du Centre Lucie-Bruneau jusqu'au grand jour du retour à la vie extérieure. À la véritable vie.

– Ç'aura été le temps d'une grossesse et d'un accouchement, la belle Marie-Ève...

Ils me disent tous ça, les gens du centre. Et ils m'appellent la belle. Je les adore.

À vrai dire, ça me fait quelque chose, là, au cœur, de les quitter aujourd'hui. Même mes « déboussolés » qui sont tout autour de moi et qui me regardent avec un air ébahi alors que je me dirige vers la porte de sortie.

– Écoute, me dit l'un d'entre eux, je sais que tu as un petit bébé dans ton ventre. Prends-en bien soin.

– Mais non, je n'ai pas de bébé dans mon ventre...
Tu te trompes.

– Oui, ils disent tous que tu vas accoucher aujour-
d'hui.

– Ça ira. Ne t'inquiète pas, j'en prendrai bien soin.

– Apprends-lui les sourires que tu nous faisais,
OK ? Apprends-les à tout le monde aussi.

– Oui, c'est promis.

Ce n'est même pas une fausse promesse. Si un jour
j'ai des enfants, je vous jure que je leur apprendrai à
sourire. Et je vous jure que je leur enseignerai la vie
comme je l'ai apprise ici. Et si c'était ça, ma mission ? Et
si c'était lui qui avait été chargé de me la transmettre ?

– C'est ça, ce sourire-là ! me crie-t-il du fond du
corridor pendant que je m'éloigne.

Je me sens émue. De mon départ, c'est l'image de ce
« déboussolé » que je conserverai. Une très belle image.

Et vous savez quoi ? Mes enfants, je souhaite les
avoir avec Simon. C'est lui qui m'attend dehors pour
m'emmener dans le logement qu'il nous a choisi. Il a
déménagé à Montréal pour moi. Pour nous deux. Brave
Simon. Doux Simon. C'est fou comme je l'ai aimé. C'est
fou comme je l'ai laissé. Et c'est fou comme je l'aime
encore.

Dernière station

Y a-t-il quelqu'un qui puisse m'expliquer comment j'ai pu quitter cet homme pour le grand efflanqué de Francis ? Quand je vous dis que je ne savais plus vivre...

Aujourd'hui, je sais qu'au moment même où je l'ai quitté, j'avais décidé inconsciemment d'en finir, moi aussi. Je ne pouvais pas vivre avec quelqu'un qui m'aimait vraiment, alors je l'ai éliminé de ma vie pour pouvoir ensuite m'éliminer moi. Au moment où j'ai quitté Simon, j'avais fait transférer mon assurance-vie au nom de Carolanne. Je ne l'avais pas réalisé. C'est la psy du centre qui me l'a fait remarquer.

– T'es prête ? me demande Simon.

– Simon, fais-moi plaisir, ne perds jamais ce sourire-là. On va en avoir besoin plus tard.

– Quel sourire ?

– Celui que tu viens de me faire.

– Ah... je ne l'ai pas remarqué.

– Et ma couette, tu l'as remarquée, ma couette ?

– Bien sûr que je l'ai remarquée. Tu es devenue une pro de la couette !

– Celui-là, Simon ! Ce sourire-là...

21

Je n'ai pas crié, mais j'aurais bien aimé avoir la force de le faire. Hurler pour que quelqu'un me rattrape. Pour que Francis s'aperçoive de mon désespoir, qu'il ne me laisse pas partir à la dérive. Où est-ce qu'il croyait que je m'en allais, toute seule dans Montréal avec mon petit sac, à vingt-deux heures trente ?

Je crois qu'il ne s'était pas posé la question, qu'il ne voulait pas se la poser. Parce qu'il ne voulait pas entendre la réponse. D'ailleurs, je pense que sa solution était toute trouvée. Moi partie, son problème était réglé.

Pour l'instant, son « problème » est accoudé à un bar, pour laisser filer un peu de temps. J'attends le métro de minuit trente-cinq, le dernier, parce que je ne veux voir personne autour de moi.

Il y a beaucoup de gens dans ce bar, dont un gars qui doit avoir à peu près dix-huit ans, comme moi. Je suis majeure maintenant. Capable de prendre ma vie en main, comme on dit. Il n'arrête pas de me regarder. Il ne me drague pas. Non. Il est intrigué, plutôt. Dans ma tête, je lui demande de venir à ma rescousse, mais je ne sais pas si mes yeux lancent les bons signaux. Mes yeux disent quelque chose, ça j'en suis sûre, sauf que je ne sais pas si le gars peut arriver à comprendre le message. Je crois qu'il cherche, pourtant.

Chaque fois que j'entends la porte du bar s'ouvrir, je me retourne sur mon tabouret. Juste pour voir si ce ne serait pas Francis. Puis je reviens à ma position de départ. *My God* que j'aimerais que quelqu'un me rattrape. Tout comme lorsque je prenais de la drogue. Pour qu'enfin quelque chose se passe, pour que quelqu'un vienne à mon secours.

Je dois d'ailleurs donner l'impression d'être droguée. J'ai l'air aussi perdu. Ce n'est quand même pas à cause de cette bière que je tète depuis une heure. Au fait, je crois bien qu'il faut y aller maintenant. Minuit et demi approche.

Est-ce que je tremble, là ? Non, ça va. Et dire que j'ai tremblé de nervosité pendant une semaine chaque fois que Francis m'adressait la parole tellement j'avais l'impression de ne plus me posséder et de ne plus savoir comment réagir aux événements, pas même aux conversations, même les plus banales. Finalement, ce n'est pas vraiment moi qui suis ironique, c'est la vie qui l'est. Je dirais même qu'elle est baveuse, la vie. Et épuisante. En tout cas pour ma part, je ne la supporte plus avec tous ses sarcasmes et toutes ses souffrances. Je ne la comprends pas. Je ne trouve pas la solution à son énigme.

Je n'en veux à personne, même pas à ma mère. Oui, vous avez bien entendu. Elle est malade. *Je* suis la nulle, la méchante. Je le sais maintenant. C'est moi qui ne comprends rien à rien. Je ne cadre pas dans cette société-là. La vie et moi, on n'est pas faites pour vivre ensemble. Un arbre a plus de liens avec la vie que moi. Me voilà jalouse des arbres maintenant... C'est vous dire combien je suis fatiguée. Heureusement, je suis arrivée à la station de métro. Il ne me reste plus qu'à prendre l'escalier mécanique et à me laisser rouler jusqu'en bas, vers la fin de ma vie.

J'ai de la peine, mais ne vous inquiétez pas, je me sens aussi délivrée et sereine. Enfin. L'idée de ne plus avoir à me battre me fait du bien. C'est une douce sensation, comme un vent de bien-être.

Le métro qui vient de passer à une vitesse folle devant moi a balayé mes cheveux. Le vent est très bon. Les portes de la rame s'ouvrent et se referment, mais j'ai décidé d'attendre. Par contre, le prochain train sera le mien. Encore quelques minutes de patience et de calculs. Et, croyez-moi, ils sont importants mes calculs. J'ai décidé, cette fois-ci, de ne pas rater mon coup.

Et puis, je suis si fatiguée. Non, ce n'est pas l'âge, j'ai eu dix-huit ans la semaine dernière. Mais elle est très fatiguée, la Marie-Ève. Trop.

J'entends le grondement du métro au fond, là-bas. Je ne me trompe pas, voilà les phares ; deux petites billes qui s'agrandissent. Comme mes yeux, peut-être, je ne sais pas. Tout ce que je sais, c'est que je dois faire vite. Vite et bien. Là. Juste là et tout de suite.

Mes genoux se plient pour le grand saut, je pousse de toutes mes forces – j'ai toujours eu de la force dans les jambes – et j'y vais.

C'est ainsi que j'ai décidé de terminer mon histoire, ma vie.

Dans un beau et très grand saut.

Épilogue, 21 octobre 2010

La semaine dernière, j'ai eu dix-neuf ans. Mais en réalité, c'est comme si j'avais eu un an. Une année parfaite, je dirais. Mon année chanceuse. Il y a encore des gens qui croient que je n'ai jamais réalisé le geste que j'ai commis.

Hier soir, j'ai recommencé à pratiquer un vieux truc. En me couchant, je me suis demandé : « Est-ce que j'ai eu raison de me jeter devant le métro ? » Et voilà qu'une nouvelle réponse a surgi dans ma petite tête adorée : « Peut-être, Marie-Ève. Mais ne refais plus jamais la même erreur. On se comprend bien ? »

C'est paradoxal, je sais, mais c'est aussi ça, la vie.

Ressources

SOS Suicide Jeunesse
1 800 595-5580
www.sos-suicide.org

**Association québécoise
de prévention du suicide (AQPS)**
1 866 APPELLE (1 866 277-3553)
reception@aqps.info
www.aqps.info

Suicide Action Montréal
514 723-4000
www.suicideactionmontreal.org

Centre de prévention du suicide de Québec
418 683-4588
1 866 APPELLE (1 866 277-3553)
accueil@cpsquebec.ca
www.cpsquebec.ca

Jeunesse, J'écoute
1 800 668-6868
www.jeunessejecoute.ca

Tel-Jeunes
1 800 263-2266
www.teljeunes.com

Tel-Aide
514 935-1101
www.telaide.org

Dans la même collection

Le carnet de Grauku

Si tout a dérapé, c'est seulement parce que je n'en pouvais plus de voir la photo de mon cul partout... C'est déjà si dur d'avoir à le traîner ! Je sais, je sais... Je ne devrais pas utiliser le mot « cul ». Ce n'est pas un mot très « littéraire »...

Mais ce qui suit n'est pas une histoire gentille. Quand une gang de filles vraiment pestes ont photographié mes fesses à la piscine et ont fait circuler la photo de cellulaire en cellulaire, j'ai réagi comme d'habitude : je me suis bourrée de chocolat et je me suis défoulée sur mon blogue. Puis cette fille, « Kilodrame », m'a laissé un message. Elle avait un moyen de me libérer complètement de mes problèmes de poids et de mes obsessions de bouffe. Une idée de carnet...

Oui, j'ai maigri. Oui, j'ai enfin découvert la vie. Mais pas celle que j'imaginais...

Si vous voulez des beaux mots, gentils et propres, il faut choisir un autre livre. Lire le trépidant quotidien de Lisa, la belle Lisa, la mince Lisa. Ou de sa copine Justine, si jolie et si fine. Et me laisser, avec mes kilos en trop et mes bourrelets, en marge de la page. Moi, c'est une histoire de cul que j'ai à raconter. Mais pas celle à laquelle vous vous attendez !

Un roman formidable qui n'a pas peur d'appeler un chat un chat, qui capte notre attention dès les premiers mots pour ne pas la relâcher avant la dernière page. Beaucoup d'humour et d'ironie, mais surtout, l'absence de clichés malgré la gravité des sujets évoqués : les troubles alimentaires.

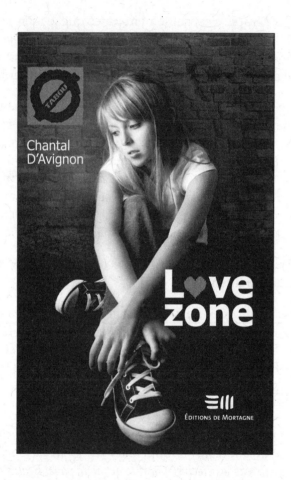

L♥ve zone

Marie-Michelle (Mich pour les intimes ☺) a 15 ans. Elle désespère de se faire un chum comme ses deux meilleures amies, Josiane et Marie-Ève, qui lui consacrent de moins en moins de temps pour cause de bécotage continuel... Jusqu'à ce que Mich rencontre Lenny, pour qui elle craque. Elle fera enfin la découverte de la complicité amoureuse, mais aussi, bien malgré elle, de la jalousie masculine... Il y a aussi Pierre-Olivier, un gars si doux, si attentionné, avec lequel elle se sent siiiii bien...

Qui a dit que l'amour était compliqué ? Une chose est certaine, cette personne avait VRAIMENT raison ! Et pourquoi faut-il toujours que nos parents ne nous fassent pas confiance et nous traitent encore comme des enfants ? Pfff...

Pas facile de gérer amours, famille, amis et études ! Voilà le dur constat que fera Marie-Michelle à l'aube de sa cinquième année du secondaire. Heureusement, à travers tous les tracas, il y a l'amour, le vrai, celui qu'on voudrait voir durer encore et toujours et qui nous donne des frissons dans tout le corps.

Alors, oserez-vous franchir vous aussi la Love zone, celle dans laquelle on est parfois plongé après un seul regard ?

Une histoire toute en simplicité, à laquelle nombre d'adolescentes sauront s'identifier. Premières relations amoureuses riment avec naïveté, questionnements, conflits, mais aussi avec purs moments de bonheur...
À vivre pleinement !

Rachel
Gagnon

AILLEURS

ÉDITIONS DE MORTAGNE

Ailleurs

On m'a demandé de raconter mon histoire... Mais comment faire sans raconter la leur, celle de toutes ces voix que j'entends constamment ? Certains disent que je suis malade, que je souffre de schizophrénie. Moi, tout ce que je sais, c'est qu'à quinze ans, ma vie a basculé lorsqu'elles sont entrées dans ma tête et qu'elles ont commencé à m'humilier, à me blesser au plus profond de mon âme...

J'ai tout essayé pour les faire taire, les réduire au silence et me retrouver seule, enfin. Prières, jeûne, médicaments, alcool, drogues... Mais on ne vient pas si facilement à bout de la Grande Gueule et de sa hargne. J'ai voulu lutter, par tous les moyens possibles, mais c'est à ce moment qu'a commencé ma longue descente aux enfers.

Mon combat peut avoir deux issues : la mort ou... ailleurs.

Brillante, talentueuse, hypersensible, Rubby veut simplement vivre. Vivre comme tout le monde, comme avant... Un roman coup de poing sur l'enfer de la schizophrénie qui ne laissera personne indifférent.

TABOU

Sophie
Girard

Le choix de
Savannah

ÉDITIONS DE MORTAGNE

Le choix de Savannah

Je fondais tant d'espérances dans l'année de mes quinze ans... Je m'imaginais enfin rencontrer le grand amour, ressentir les petits papillons et tout le tralala. Pourtant, jamais je n'aurais pu imaginer l'enchaînement d'événements qui m'a amenée à faire le vide... en moi.

Christophe, le « roi de la drague », qui m'a envoûtée d'un simple regard, si profond que j'ai été engloutie. Mes amies, mes vraies complices avec qui je partage tout. Ma mère, qui ne me comprenait pas, qui me surprotégeait, surveillait mes moindres gestes. Ce que j'ai pu la détester !

J'ai tant cherché la liberté, la sensation d'enfin vivre MA vie, à MA façon, même si ça ne faisait qu'enrager encore plus ma mère...

Et puis la trahison, la peine, l'incompréhension. J'aurais voulu hurler ma douleur à la Terre entière. Mais voilà que la vie en a décidé autrement : je devais mettre ma peine de côté et faire un choix... Un choix si important qu'il déterminerait chaque minute de mon existence... et de la sienne.

Sophie Girard, travailleuse sociale, propose ici un roman d'une grande sensibilité, dans lequel elle aborde avec beaucoup de finesse certains des enjeux les plus préoccupants de l'adolescence : relations amoureuses, grossesse non planifiée et avortement.

Corinne
De Vailly

L'AMOUR
MORT

Préface de
François Blais

ÉDITIONS DE MORTAGNE

L'amour à mort

« Le sida, c'est pour les gays ou les drogués ! Pas pour les Juliette de seize ans qui ne se droguent pas, qui viennent de découvrir l'amour et qui ont toute la vie devant elles ! » C'est ce qu'a toujours cru Juliette... jusqu'au jour où un médecin lui annonce qu'elle est atteinte du VIH.

La dure réalité la frappe de plein fouet : sa première nuit d'amour, cette nuit qu'elle souhaitait parfaite, s'est transformée en véritable cauchemar. Et ses rêves d'adolescente ? Ils ne sont plus qu'un lointain souvenir...

Sans parler de la réaction de son entourage ! Comment annoncer à ses parents et ses amis qu'on est condamnée à mourir ?

La rage, la honte, la peur et un profond désir de vengeance envers ce garçon qui devait l'aimer, la protéger, mais qui n'a su que détruire sa vie... Toute une gamme d'émotions avec lesquelles Juliette doit désormais composer. Réussira-t-elle à apprendre à vivre avec cette bête qui hante dorénavant chaque cellule de son corps ?

Juliette vivait comme tous les autres jeunes de son âge : dans l'insouciance et habitée d'un puissant sentiment d'invulnérabilité. Et pourtant... le sida est venu briser son armure. L'adolescente livre ici un témoignage fidèle à son image : sincère, qui respire la joie de vivre et le refus de baisser les bras.

100 %

Imprimé sur du papier 100 % recyclé